李春光　彭华岗　黄文生◎编著

每一滴油都是承诺

——中国石化社会责任理论与实践

Make Every Drop Count: Sinopec CSR Theory and Practice

经济管理出版社
ECONOMY & MANAGEMENT PUBLISHING HOUSE

图书在版编目（CIP）数据

每一滴油都是承诺/李春光，彭华岗，黄文生编著. —北京：经济管理出版社，2011.10

ISBN 978-7-5096-1635-2

Ⅰ. ①每… Ⅱ. ①李… ②彭… ③黄… Ⅲ. ①石油化工企业—企业文化—研究—中国 ②石油化工企业—企业责任：社会责任—研究—中国 Ⅳ. ①F426.22

中国版本图书馆 CIP 数据核字（2011）第 214589 号

出版发行：经济管理出版社
北京市海淀区北蜂窝 8 号中雅大厦 11 层
电话:(010)51915602　　邮编:100038

印刷：三河市延风印装厂　　经销：新华书店

组稿编辑：陈　力　　责任编辑：陈　力　曹　靖
责任印制：杨国强　　责任校对：陈　颖

720mm×1000mm/16　　16 印张　　187 千字
2011 年 11 月第 1 版　　2011 年 11 月第 1 次印刷
定价：42.00 元
书号：ISBN 978-7-5096-1635-2

《每一滴油都是承诺》编委会

《每一滴油都是承诺》编写组

成　员（按姓氏拼音排序）：

陈荣平　杜红岩　贾文杰　李月清　李政群　刘剑平
路建楠　孟宪强　苗雁辉　桑菁华　王　涛　王　蔚
王李甜子　王元晶　王之茵　魏秀丽　吴思卫　肖　浩
谢丹平　熊小西　许英杰　阎长征　曾四海　张　波
张　蒽　张　婧　钟宏武　钟文标　周泉生

每一滴油都是承诺

我们承诺：

一、落实“每一滴油都是承诺”的企业社会责任口号，继续严格数量、质量、价格管理，保证数量准确、质量合格、价格合规；

二、积极推进节能减排，发展低碳经济，提供安全、健康、环保的产品和服务环境；

三、不断加强教育引导，强化员工考核监督，提供高效服务、温馨服务、规范服务；

四、大力实施“为客户创造价值”工程，实现供需双方合作双赢；

五、逐步强化多方位监督评价，持续整改提高，努力提升社会公众和广大客户的满意度；

六、进一步提升员工主人翁地位，逐步完善员工基本薪酬正常增长机制，改善员工工作生活环境，认真落实困难员工帮扶制度，不断提高员工综合素质，有效促进员工实现自我价值。

序　言

践行“每一滴油都是承诺”，努力建设高度负责任、高度受尊敬的世界一流能源化工公司

中国石化是一体化能源化工公司，成立至今，已走过28年辉煌历程。28年来，公司历届党组认真贯彻党中央、国务院关于国有企业改革发展的方针政策，团结带领广大干部员工，以“爱我中华、振兴石化”为己任，牢牢抓住发展这个第一要务，坚持解放思想、实事求是、与时俱进，不断深化改革、调整结构、加强创新、强化管理、扩大合作，积极探索符合中央要求、符合公司实际的改革发展之路，实现了持续有效和谐发展。2010年，中国石化提出了“每一滴油都是承诺”的社会责任口号，以此推动企业努力践行经济责任、政治责任和社会责任。2011年以来，中国石化确定了建设高度负责任、高度受尊敬的世界一流能源化工公司的战略目标，继续践行“每一滴油都是承诺”。

一、责任的基石和积淀

1983年中国石化总公司成立后，积极推进以转换经营机制、适应市场经济体制为主要内容的改革，不断扩大对外合作，集中组织振兴石化“三大战役”，走出由内涵发展促进外延发展的路子，为我国现代石化工业发展奠定了坚实的基础。

1998年中国石化集团公司成立，2000年股份公司上市和新星石油公司整体并入后，中国石化积极推进以国有资产战略性结构调

整、完善现代企业制度为主要内容的改革，努力扩大资源、拓展市场、降本增效，加快“走出去”，谱写了发展壮大石油石化事业的新篇章。

中国石化是一个规模庞大、产业链完整、资源丰富的公司，承担着促进中国经济增长和为百姓生活提供息息相关的产品和服务的责任。中国石化是国内最大的成品油和石化产品供应商、第二大油气生产商，世界第二大炼油公司、第四大乙烯生产商，拥有完备的成品油和化工产品销售网络，加油站总数位居世界第二，集团公司在《财富》世界500强中的排名从1999年的第73位上升到2011年的第5位，连续3年跻身十强。

如今的中国石化，规模实力显著增强，资产质量大幅改善，持续盈利能力、抗风险能力、国际化经营能力明显提升，为国民经济和社会发展做出了重要贡献，成为在国内外同行中具有重要地位和影响力的大公司，履行社会责任的能力也不断增强。

二、建设高度负责任、高度受尊敬的世界一流能源化工公司

中国石化已经站在了一个新的历史起点上，进入了一个全新的发展阶段。2011年，中国石化认真学习贯彻胡锦涛总书记在庆祝中国共产党成立90周年大会上的重要讲话精神，深入贯彻落实党的十七届五中全会精神和国家“十二五”发展规划部署，适时提出把“建设世界一流能源化工公司”作为中国石化长远发展的核心目标，大力实施资源战略、市场战略、一体化战略、国际化战略、差异化战略、绿色低碳战略，建立具有中国石化特色的发展模式。

提出这个更高的发展目标，是巩固中国特色社会主义基本经济制度的需要。胡锦涛总书记在“七一”重要讲话中进一步重申，中国特色社会主义基本经济制度是以公有制为主体、多种所有制经济共同发展。国有企业、中央企业是公有制经济的代表，中国石化处在关系国家安全和国民经济命脉的重要行业和关键领域，肩负着重

要的经济责任、政治责任和社会责任。中国石化打造国际竞争力、建设世界一流企业，就是用实践证明中国特色社会主义制度的优越性，巩固中国特色社会主义基本经济制度。

提出这个更高的发展目标，是公司自身发展的迫切要求。经过28年的发展，特别是近10年的快速发展，公司已在整体规模上进入世界大公司行列，但“大而不强”的问题还很突出，上市与存续部分发展的不平衡问题还很严重；上游资源“短板”的差距在扩大，中下游“长板”的优势在缩小；发展需求与资金能力的矛盾比较突出；等等。我们需要站在更高的发展目标上审视这些问题，进一步深化改革，扩大开放，加快发展。

国务院国资委提出“做强做优中央企业、培育具有国际竞争力的世界一流企业”的改革发展目标，中国石化是国内最大的企业，责无旁贷要当好央企排头兵，首先成为世界一流企业。

我们还应看到，全球的新一轮经济结构调整，中国的工业化、城镇化发展，为我们建设世界一流企业提供了前所未有的发展机遇；中国石化多年发展所积累的物质基础、管理基础、科技基础和人才队伍基础，使我们有能力实现这一宏伟目标。

三、践行“每一滴油都是承诺”

2010年4月，中国石化提出了“每一滴油都是承诺”的社会责任口号。这里的“每一滴油”既包括经销的油品，又包括提供的其他所有产品和服务；承诺的不仅是质量，还包括数量、安全、环保等各个方面。2011年8月，中国石化对社会公众和广大客户公开“五项承诺”，对广大员工公开“六项承诺”，将其融入公司管理、经营、生产的方方面面，推进社会责任工作上新台阶。

企业履行社会责任的首要任务就是在合法、依规经营的基础上，努力提高公司的持续发展能力，支撑国民经济和社会的发展，满足人民群众日益丰富的需求，提高人们的生活质量。“十一五”

期间，中国石化积极实施资源、市场、一体化、国际化战略，资产质量不断改善、市场竞争力不断提升、抗风险能力和服务社会能力不断增强。公司资产总额翻了一番，达到 14700 亿元；营业收入增长 130%，达到 19600 亿元；实现税费增长 178%，达到 2813 亿元；5 年累计向中央和地方政府上缴各种税费 8234 亿元；为消费者提供 6.19 亿吨成品油、1.78 亿吨化工产品，有力地支撑了国家经济发展，较好地满足了消费者的需求。

中国石化始终把保障国家能源安全和市场稳定供应放在首位。通过努力，我们国内的油气业务实现了东部硬稳定、西部快上产、天然气大发展，海外油气储量产量持续增长。建成了 13 个千万吨级炼油基地、8 个百万吨级乙烯基地、一批大型原油码头及配套油库、长输管线，形成了长江三角洲、珠江三角洲和环渤海湾三大炼化企业集群，一体化优势进一步增强，资源利用效率明显提高。同时我们强化国际贸易，拓展进口渠道和手段，有效地保障了原油资源供应。

中国石化始终致力于为社会提供清洁燃料和优质石油化工产品及服务。公司努力践行“质优量足，客户满意”的质量目标，供应上保质保量，在力所能及的情况下尽可能地给客户提供增值服务。我们每天通过 3 万座加油站及销售网络为 1500 多万位顾客加油，2010 年为消费者提供了 1.49 亿吨成品油、4300 多万吨化工产品，服务于千家万户的“衣食住行”。2010 年，中国石化全面实现汽油质量升级，满足国内需求，每年可减少二氧化硫排放 5 万吨；中国石化不断加大投入，加强技术创新，调整优化产品结构，丰富产品品种，提高产品品质，努力为百姓生活质量改善做贡献。

在安全绿色运营方面，我们始终不遗余力。中国石化高度重视安全生产、环境保护和资源节约工作。公司连续三年开展“我要安全”主题活动，在复杂生产条件下总体保持了安全生产。持续推进能源结构调整，加快产业结构优化升级，突出抓好节能减排，提高资源利用效率，倡导低碳发展。“十一五”期间，公司累计节约

1411 万吨标煤，相当于减排二氧化碳 3466 万吨，累计减排二氧化硫 20.4 万吨，超额完成国家下达的任务目标，为节约能源资源、保护碧水蓝天做出了不懈努力。

在员工发展方面，我们始终坚持以人为本，悉心关爱员工。中国石化的百万员工是中国石化发展和进步的动力和财富。公司通过加快推进人才成长通道建设，大力实施人才培训工程，“十一五”期间共组织培训各类员工 694 万人次，人才队伍的素质和能力显著提高；组织实施企业年金计划，为员工建立多层次的养老保险体系；尊重外籍员工的文化差异，努力实现文化的融合；积极做好帮扶救助工作，努力为困难员工排忧解难；关心离退休老同志的生活，努力创造“老有所为，老有所乐”的条件，着力构建各类员工、各类人才和谐共事、均衡发展的格局。

在企业快速发展的同时，我们积极参与社会公益事业，促进了社会的和谐稳定。我们采取各种措施全力保障汶川、玉树的抗震救灾，北京奥运会、上海世博会、广州亚运会、“三夏”、“三秋”的油品供应，有效缓解了境内特殊时期部分地区成品油及天然气供应紧张状况。我们积极开展扶贫援藏、赞助“健康快车”、捐资助学、赈灾救助等工作，建成“希望小学”161 所，资助 3 万余名“春蕾计划”女生完成学业，持续捐助“健康快车”并免费救治 1.8 万名白内障患者，一批扶贫援藏的惠民基础设施建成投用。这些举措有效地改善了贫困地区人民群众的生活条件，促进了企业和地方的融合及共同发展。

中国石化在 2004 年正式加入联合国全球契约组织，秉承可持续发展理念，努力促使企业与社会、环境的协调发展。2011 年 6 月 21 日，我本人作为联合国全球契约理事会理事代表中国石化在纽约联合国总部召开的联合国全球契约理事会上呼吁商界要加强合作，共同努力，解决全球面临的问题和挑战。

《每一滴油都是承诺》很好地阐述了中国石化社会责任的理论

与实践，是对中国石化集团公司社会责任工作的总结、部署和展望。希望中国石化的广大干部、职工认真学习，努力将社会责任理念融入企业战略、企业文化、企业管理和日常运营等方方面面，朝着高度负责任、高度受尊敬的世界一流能源化工公司的目标前进！

希望借此，使广大读者更好地了解国有特大型企业如何实践自己的经济责任、政治责任和社会责任。

中国石油化工集团公司　董事长

傅成玉

二〇一一年十月

目　录

第一章　每一滴油都是承诺：缘起 …… 1

第一节　责任的积淀 …… 2

一、初步奠基 …… 2

二、开拓振兴 …… 3

三、内涵发展 …… 6

四、改革重组 …… 9

五、做强做优 …… 13

第二节　责任的基石 …… 14

一、源自文化 …… 15

二、源自战略 …… 17

三、源自运营 …… 19

第三节　责任的呼唤 …… 20

一、科学发展 …… 20

二、政府推动 …… 22

三、全球实践 …… 25

四、本土探索 …… 29

五、世界一流 …… 30

第四节　责任的承诺 …… 32

一、提出承诺 …… 32

二、责任理念 …… 33

三、责任模型 …… 34

第二章 每一滴油都是承诺：管理 …… 35

第一节 责任战略 …… 35
一、责任议题 …… 36
二、责任规划 …… 39
第二节 责任治理 …… 40
一、组织体系 …… 41
二、责任制度 …… 42
三、部门职责 …… 42
四、个人职责 …… 42
第三节 责任融合 …… 44
一、融入战略 …… 44
二、融入日常管理 …… 45
三、融入企业文化 …… 45
四、融入危机管理 …… 47
五、责任培训 …… 49
第四节 责任绩效 …… 50
一、指标体系 …… 50
二、考核评价 …… 54
三、评优活动 …… 56
第五节 责任沟通 …… 58
一、发布社会责任报告 …… 58
二、社会责任网络专栏 …… 61
三、内部社会责任沟通 …… 62
四、利益相关方参与 …… 64
第六节 责任研究 …… 68
一、社会责任研究项目 …… 69

二、与社会责任教研机构合作 …… 70
三、社会责任研究规划 …… 71

第三章 每一滴油都是承诺：产生 …… 73

第一节 采之有度 …… 75
一、补长“短板” 保障供应 …… 78
二、油气并举 增强能力 …… 81
三、陆相海相 缔造奇迹 …… 83
第二节 炼之有术 …… 90
一、规模化 一体化 集群化 …… 94
二、炼化技术 世界领先 …… 97
三、油品升级 服务百姓 …… 103
四、多样产品 精彩生活 …… 107
第三节 行之有道 …… 112
一、质优量足 客户放心 …… 113
二、网点建设 客户便利 …… 114
三、优质服务 客户满意 …… 117

第四章 每一滴油都是承诺：支撑 …… 123

第一节 品质领先 …… 124
一、管理体系 提供质量保障 …… 125
二、质量文化 促进全员参与 …… 127
三、职业道德 严守质量关口 …… 129
第二节 HSE 在行动 …… 131
一、员工的健康是第一位的 …… 135
二、从“要我安全”到“我要安全” …… 137
三、既要效益“红”又要环境“绿” …… 142
第三节 科技引领 …… 144

一、“十条龙”越舞越精彩 …… 145
二、科技助推　又好又快发展 …… 147
第四节　精细管理 …… 155
一、现场管理　强基固本 …… 156
二、信息管理　搭建平台 …… 157
三、集中采购　降本增效 …… 159
四、财务管理　精益求精 …… 161
第五节　油水不相容 …… 163
一、遵纪守法　合规经营 …… 164
二、以廉为荣　以贪为耻 …… 167

第五章　每一滴油都是承诺：升华 …… 171

第一节　光荣与梦想 …… 171
一、保障能源供应 …… 172
二、海外油气投资 …… 178
三、海外工程服务 …… 179
第二节　绿色低碳 …… 182
一、清洁油品 …… 183
二、新能源 …… 187
三、绿色公益 …… 192
第三节　共同发展 …… 193
一、重大装备国产化 …… 194
二、合资经营 …… 197
三、供应链管理 …… 200
第四节　员工为本 …… 204
一、以人为本　人文关怀 …… 205
二、一心一意做奉献 …… 212
第五节　责任因为爱 …… 217

一、大灾大难献大爱 …………………………………………… 219
二、支持科教文卫事业 ………………………………………… 221
三、支持贫困地区发展 ………………………………………… 226
四、员工志愿者行动 …………………………………………… 230
五、全球企业公民 ……………………………………………… 232

后 记 ………………………………………………………………… 235

第一章　每一滴油都是承诺：缘起

时光荏苒，风雨兼程，中国石化开拓进取，持续发展，企业的成长之路也是履行社会责任之路，企业的社会责任理念积淀升华为“每一滴油都是承诺”，融入企业文化、企业战略和企业运营。这是一种厚重、激昂而又温暖的承诺，它从一个基调出发，最终融入我们赖以生存的社会和环境。

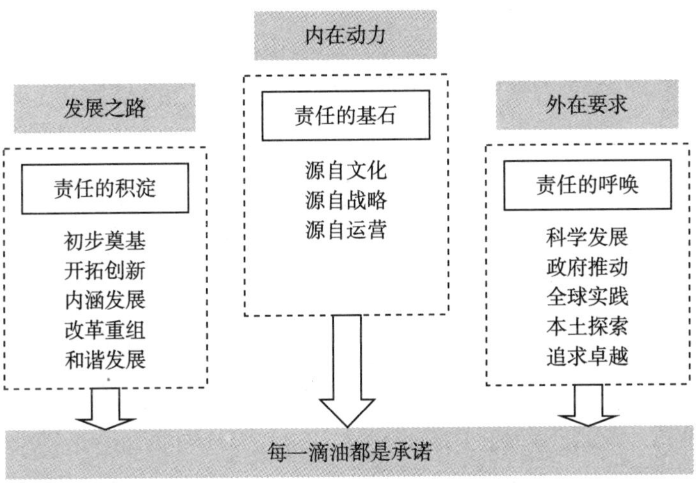

图 1–1　“每一滴油都是承诺”

第一节 责任的积淀

伴随着新中国的发展壮大，在历代中央领导集体的亲切关怀下，中国石化从无到有，从小到大，从弱到强，经历了新中国成立初期的艰苦创业、20 世纪 70 年代的初步奠基、80 年代的开拓振兴、90 年代的内涵发展、21 世纪的重组发展，一步步朝着建设世界一流能源化工公司的目标发展，谱写了一曲曲雄伟壮丽的发展华章，走出了一条光辉的履行社会责任之路。

一、初步奠基

新中国石油和石化工业是在“一穷二白”的基础上逐步发展起来的。1949 年，全国原油产量只有 12 万吨，全国炼厂原油加工能力 11.6 万吨，石油产品产量 8 万吨。面对这种状况，石油石化战线广大干部职工艰苦奋战，以高涨的爱国热情和主人翁精神，有力地促进了中国炼油工业的恢复和初步发展。1956 年，中国第一座大型炼油厂兰州炼油厂开始建设。1959 年，中国石油产品自给率由 1949 年的不足 10%提高到了 40.6%。1960~1965 年，随着大庆油田的开发和石油炼制技术的重大进展，中国石油产品实现了“三年过关，五年立足于国内”的目标，这是新中国石油炼制工业取得的具有历史意义的进步。

为适应中国原油不断增长、加工量提高以及石油产品品种质量的需要，经过各方共同努力，主要依靠自己的力量，开发研制出流化催化裂化、铂重整、延迟焦化、尿素脱蜡和相关催化剂、添加剂五个方面的工艺技术。时任石油部副部长刘放形象地称之为石油炼制工艺的“五朵金花”，成为新中国炼油工业技术取得第一次重要突破的标志。

在炼油工业快速发展的同时，作为一个国家工业发展水平标志之一的乙烯工业也从无到有地建立起来。1961 年兰州化学工业公司建成我国第一座以石油气为原料的年产 5000 吨/年乙烯管式炉。1962 年元旦产出第一批合格乙烯产品，实现了中国乙烯工业零的突破。1962 年底，从联邦德国引进 12 项国外成套设备和技术，在兰州化学工业公司建设我国第一个石油化工基地，这是新中国石油化工迈向现代化的重要一步。1972 年，国务院批准引进 26 套石油化纤化肥国际先进技术和设备，于 1976 年开始陆续在北京、上海、天津、辽阳、四川、吉林等地建成投产。1976 年 5 月 8 日，中国引进的第一套 30 万吨大型乙烯装置在北京燕山石化总厂投料试车，标志着中国乙烯工业进入一个新的阶段，为 20 世纪 80 年代后期大型乙烯工业发展积累了宝贵的工程建设和经营管理经验。

二、开拓振兴

党的十一届三中全会开启了我国改革开放的新纪元，石化工业不断开拓振兴。为了用好 1 亿吨石油资源，集中力量办大事，1983 年 7 月 12 日，按照“集中领导、统筹规划、统一管理”的原则，中国石油化工总公司正式成立。国家把原隶属于石油部、化工部、纺织部、轻工部等部门的炼油、化工、化纤、化肥企业划归中国石化总公司，从体制上改变多头领导、条块分割、分散管理的状况。当时划归石化总公司管理的有 39 个企业和直属单位，38 万多名职工，固定资产 210 多亿元。1984 年 1 月 1 日，商业部石油公司成建制划归石化总公司，国内成品油收购、调拨、运输、存储、供销等业务由石化总公司统一管理。

“一滴油”的故事

中国石化总公司成立

1978年底，中国原油产量首次突破1亿吨，达到10405万吨，但此后的几年却增长缓慢或徘徊不前，而国民经济对石油的需求却日趋强烈，同时在石油加工和利用中还存在着很多不合理状况。“如何用好1亿吨原油”，成为中国高层领导在20世纪70年代末80年代初密切关注的课题。

1981年，时任国务院副总理兼石油工业部部长的康世恩多次组织专家研究如何有效地把炼油与化工组织起来。时任石油工业部副部长的侯祥麟，提出了“把大型的炼油厂和以石油为原料的化工厂实行统一指挥、统一销售、统一外贸，同时加强原油深度加工”的意见。这份报告中提出的整合中国石油企业、对有限的石油资源“吃干榨净”的整体思路至今仍深刻影响着中国石油工业的发展方向。

针对条块分割等情况，上海的一些单位提出，把地处高桥的高桥石化总厂和几家化工、化纤、电力厂实行联合经营或合并。1981年9月，国务院决定成立“石油炼制、石油化学、化纤工业统一规划综合利用小组”，由国务院副总理康世恩兼任组长。规划小组到上海石化总厂、南京炼油厂、扬子石化公司、齐鲁石化总厂等企业进行调查研究，提出成立中国石油炼制和石油化工总公司，将全国以油气为原料的炼油、石化、化纤、化肥等企业，实行集中领导，统筹规划、统一管理、联合经营，对全国石化工业管理体制进行改革。

1983年2月，中共中央、国务院作出重大决策，决定成立中国石油化工总公司。1983年7月12日，中国石油化工总公司正式挂牌成立。中国石化总公司成立后，充分发挥集团化和联合优势，抓住机遇加快发展，让这 1 亿吨原油在国民经济建设中发挥出了巨大的作用，取得了令人瞩目的成绩。

中国石化总公司成立后，以“改革、开发、振兴”为己任，充分发挥集团化联合优势，团结奋斗，开拓前进。一方面，广泛筹措资金，组织重点工程建设。到 1990 年底，大庆、齐鲁、扬子、上海等 30 万吨乙烯工程和镇海、乌鲁木齐、宁夏等大化肥工程全部建成投产，洛阳、广州、镇海等炼油工程和上海石化二期工程相继建成投产。振兴石化的“第一战役”初战告捷。原油加工能力由 9588 万吨扩大到 1.24 亿吨，乙烯生产能力由 59.5 万吨扩大到 182 万吨，石油化工上了一个新台阶。同时，围绕消化、吸收引进技术，广泛开展装置等达标活动，并成功开发了具有当时国际水平的，被誉为 20 世纪 80 年代石化工业“四朵金花”的常压重油催化裂化、缓和加氢裂化、催化裂解和国产乙烯裂解炉技术。1990 年 1 月，中国石化自行开发的第一台年产 2 万吨乙烯新型裂解炉（北方炉）通过国家级鉴定验收。同年 8 月，又一台新型乙烯裂解炉（南方炉）通过国家鉴定。这标志着大型乙烯装置国产化取得重大突破，在全面掌握大型乙烯裂解技术、工艺设计、设备制造方面迈出了重要一步。

另一方面，中国石化进一步推行改革，加强管理，提高经济效益。在集中统一管理的基础上，从人财物、产供销等方面赋予企业自主权，调动企业的积极性，增强了企业的活力。我们坚持和发扬优良传统，抓住基层建设不放松，建立并落实经济责任制，调动广大职工的积极性，夯实了企业管理的基础，保持了生产建设的稳定发展。到 1990 年，中国石化总公司圆满完成国务院批准下达的“三二九”承包任务（即在 1985~1990 年，总投入 300 亿元，总产出900 亿元，1990 年当年实现利税 200 亿元），为国家财政提供了积累，为企业发展积蓄了后劲，为振兴石化奠定了基础。

三、内涵发展

党的十四大以后，我国确立了建立社会主义市场经济体制的目标，石化工业迎来了新的发展机遇。在中国石油和化学工业已经形成一定规模的基础上，中国石化总公司围绕过好市场关，进一步深化改革，从严治内，加快建设支柱产业，总结出了一条主要依靠老装置技术改造、采用先进技术消除“瓶颈”制约、低投入、高产出、适时投入、快速产出的内涵式发展道路。从此，走以内涵为主的发展道路成为中国石化发展的主要模式。

在管理体制和经营机制上，实行集团化、国际化、多元化、股份化经营，进一步完善两级法人体制，扩大企业自主权，促进企业建立现代企业制度。上海、镇海、燕山、齐鲁、扬子等企业进行整体或局部改制，在境内外发行股票，募集资金，转换机制，促进发展。

在重点工程建设上，推广燕山乙烯、镇海炼油等装置技术改造经验，相继完成扬子、上海、齐鲁、大庆乙烯由 30 万吨提高到 40 万~45 万吨的第一轮改造及燕山、扬子、上海、齐鲁、茂名等大型乙烯项目的第二轮改造。

在科技开发上，进一步加大科研投入，组织公司科研、设计、制造、建设和企业等方面力量进行联合攻关，创造了“十条龙”攻关的制度，并一直沿用至今。为加快科技开发步伐，在外部积极与社会科研院所、高校实行“产学研”三结合；在内部推动企业成为科技开发的主体，成果转化的主体和科技投入的主体。到“九五”末，炼油技术基本可以立足国内，石油化工在消化、吸收的基础上自主创新，一批炼油、化工催化剂达到同期国际先进水平。

这一时期的对外工作迈出了新步伐。在重点工程建设中，把引进先进技术、购买关键设备、进行工程承包与向我国提供贷款结合起来，有效利用了外资，弥补了国内建设资金不足。积极开展对外合资合作，直接吸引外国投资，相继建立扬子石化公司和德国巴斯夫公司合作苯乙烯项目、四川维尼纶厂与英国石油公司合资醋酸项目、上海石化与美国菲利普公司合资聚乙烯项目等。

经过进一步改革、发展、提高，中国石化总公司整体实力进一步增强。到 1997 年底，中国石化原油一次加工能力达到 1.78 亿吨/年；乙烯生产能力达到 296 万吨/年。

“一滴油”的故事

追赶世界的“石化工业之母”

新中国成立以来，中国老百姓的“衣食住行”都发生了翻天覆地的变化。

从一票难求的“的确良”到色彩斑斓的时装，从 12 英寸黑白电视的简陋外观到液晶电视的精美外壳，从价格低廉的家居塑料用品到高科技化工材料制作的高档家具。这些变化，都与一种被称为乙烯的化工原料紧密相关。

乙烯，被称为“石化工业之母”，是石油化工基础性原料。乙烯产量是衡量一个国家石油化工发展水平的重要标志，其生产能力被视为一个国家经济实力的体现。20 世纪 60 年代初，美国乙烯年产量就达 200 多万吨，到 70 年代后期更是激增到了 2000 万吨，而当时中国的乙烯年生产能力仅为 6 万吨。

1970 年，一套从原联邦德国引进的年产 3.6 万吨乙烯砂子炉装置在兰州石化公司建成开车。中国的石化工业由此向现代化迈出了重要一步。

1971年9月，毛泽东主席的专列由上海直达北京。在专列上，主席身边的一名工作人员讲述了买“的确良”衣服难的情况，并大胆进言，国家为什么不多生产一些“的确良”呢？一生始终牵挂着百姓衣食温饱的毛泽东主席陷入了深深的思索。

1972年，在毛泽东主席、周恩来总理的直接关怀下，国家下决心引进了代表当时世界先进水平的石油化工、化纤技术和装备，其中包括中国从日本引进的第一套30万吨/年乙烯装置。1976年5月8日，这套装置在燕山石化公司正式投料试车，第9天生产出合格乙烯产品，其下游衍生产品为化纤生产提供了必要的原材料，有效缓解了当时中国人民穿衣用料紧张的局面。

两年后，国家再次引进一批代表当时世界先进技术水平的大型成套设备，其中包括4套30万吨/年乙烯装置。然而，由于种种原因，这4套30万吨/年乙烯工程建设计划一度被搁置……

1983年7月，中国石油化工总公司宣告成立。中国石化遵照中央指示，“集中力量办大事”，很快将停、缓建的4套30万吨/年乙烯工程在大庆石化公司、齐鲁石化公司、扬子石化公司、上海石化公司恢复建设。1983年，全国乙烯能力只有62万吨/年。中国石化总公司的成立加快了我国乙烯工业的发展。随着大庆、齐鲁、扬子、上海、茂名等30万吨/年乙烯工程相继建成投产，我国乙烯工业的规模实力显著增强。

正当中国向现代化乙烯工业迈进的时候，西方国家的石化工业加速调整，实现了上、下游一体化的规模经济。它们都将乙烯生产装置集中在运输方便、市场和经济发达的沿海深水良港地区。美国墨西哥湾地区、日本东京湾、韩国沿海港口地区等，都是通过集中投资、一体化经营，最大程度共享原料供应，降低石油和石化产品的生产成本，提高了企业在高油价时代的竞争力。

面对世界石化工业发展的新趋势，中国的石化工业该何去何从？

借鉴国外先进经验，根据中国的实际情况，中国石化决策者坚持走以内涵发展为主的发展道路，把目光投向了依托老企业进行的“少投入、多产出，适时投入、快速产出”的技术改造之路。最早建成投产的燕山石化公司乙烯从30万吨/年改造到45万吨/年，仅用了28个月，投资28亿元，实现了投料试车一次成功。

燕山石化公司乙烯的成功改造，为中国石化第一轮乙烯改造积累了经验。随后，中国石化又对其他5套30万吨/年乙烯装置进行改造，装置能力大多由30万吨/年扩大到了40万~45万吨/年，迅速缩短了中国乙烯工业与世界先进水平的距离。

1998年，中国石油化工集团公司重组成立。新的中国石化继续坚持走以内涵发展为主的道路，短时期内对大型乙烯实施了第二轮技术改造。“十五”期间，燕山石化公司、扬子石化公司、上海石化公司和齐鲁石化公司四大乙烯装置生产能力均达到或超过70万吨/年。2006年最后完成第二轮改造的茂名石化公司乙烯年产能达到100万吨/年，成为中国第一个百万吨级乙烯生产基地，并且创造了建设周期最短、吨乙烯投资最省的纪录。

四、改革重组

世纪之交，经济全球化进程加快，世界范围内的产业结构调整、资本重组此起彼伏。党的十五大后，党中央、国务院审时度势，决定对石油石化行业实施战略性改组。

1998 年 7 月，中国石油化工集团公司和中国石油天然气集团公司同时重组成立，分别实现了上下游、内外贸、产销一体化。这是我国石油石化工业发展史上的又一里程碑。重组后的中国石化业务范围由炼油化工扩展到油气勘探开发、成品油销售等领域。资产总额 3806 亿元，销售收入 3200 亿元；原油产量 3601 万吨，原油一次加工能力 11794 万吨，乙烯生产能力 220 万吨。

2000 年 2 月，经过整体重组改制，中国石化集团公司集中主业和优质资产创立了中国石油化工股份有限公司。2000 年 10 月和 2001 年 8 月，中国石化先后在境外、境内发行 H 股和 A 股，在中国香港、纽约、伦敦和上海上市，实现了股权结构的多元化，进入了国内外资本市场。中国石化的重组上市，募集了发展资金，实现了股权结构多元化，初步建立了适应市场经济要求的体制框架和机制雏形。

重组以来，中国石化以改革为动力、以发展为主线、以市场为基础，进一步转变观念，转换机制，深化改革，加快发展，提高效益，向着建设具有国际竞争力企业集团的目标迈进。

油气资源基础不断巩固，形成了“东部硬稳定、西部快上产、天然气大发展”的良好格局，特别是通过理论和技术创新，取得了海相勘探开发的突破，相继发现了国内目前最大的海相油田——塔河油田，以及国内目前最大的海相气田——普光气田。炼油化工布局和结构得到优化调整，按照贴近市场、贴近资源的原则，优化炼油化工布局，调整装置结构和产品结构，加快原油输转体系建设，努力实现规模化、一体化、集约化发展。产品营销网络不断巩固和完善，基本形成了较完善的成品油营销网络，化工产品营销初步建立了以直销为主、直销与分销相结合的化工产品营销网络。

国际化经营和对外合资合作快速发展，在安哥拉、俄罗斯、哈萨克斯坦等国家获得了一批油气勘探开发项目，国际石油工程服务初步形成以西非及北非、中东、俄罗斯及中亚、南美及墨西哥、南亚及东南亚为战略重点的市场格局，国际炼化工程服务海外市场份额逐步扩大，国际贸易稳步发展，合资合作内涵不断提高，逐步实现了从注重量到注重质的转变。

中国石化的企业管理也进一步加强。按照集中统一管理的要求，加快建立和完善内控制度，逐步完善决策程序和授权管理制度，不断加强财务稽查、审计、纪检监察、安全监督制度化、规范化建设，初步建立了适应新体制新机制要求的内部监督管理体系。按照"国际水准、中国国情、石化特色"的原则，稳步推进 ERP 系统建设，建立了比较完善的信息化网络体系和信息化管理体系，有力地支撑了企业生产经营和改革发展。

"一滴油"的故事

四地上市，拉开跨越式发展的序幕

2000 年 2 月，中国石化集团公司按照主业与辅业分离、优良资产与不良资产分离、企业职能与社会职能分离的原则，对业务、资产、债权债务、机构、人员等实施全面重组，集中主业和优质资产，独家发起创立了中国石油化工股份有限公司；初步建立了适应市场经济要求的体制框架和机制雏形，有效地提高了资本控制力和运营效率，也为进一步建立和完善现代企业制度创造了条件。

2000 年 10 月 18 日，中国石化在境外成功发行 167.8 亿股 H股股票，次日中国石化 H 股及存托股份在中国香港、纽约、伦敦三地证券交易所上市。

2001 年 7 月 16 日，中国石化在境内成功发行 28 亿 A 股股票，8月8日中国石化A股在上海证券交易所上市。

中国石化四地上市在资本市场上引起了极大反响，缔造了资本市场上多个第一：

- 中国石化系中国首家四地上市公司；
- 中国石化A股IPO系当时境内市场最大规模的IPO。

中国石化在境内外成功上市，共募集资金371.16亿元人民币，迈出了特大型国有企业重组改制并上市的关键一步，揭开了中国石化10年快速发展的序幕。

四地上市后，中国石化逐步完善了现代企业制度，实现了管理体制和运行机制的根本性变革。通过实施“资源、市场、一体化、国际化”的经营战略和贯彻“改革、调整、管理、创新、发展”的方针，资产结构和资产质量明显改善，资产效率和经济效益大幅提高；公司一体化优势进一步增强，市场竞争力显著提高；企业价值和股东回报大幅提升。

表1-1 中国石化上市十周年大事记

2000年	• 2月，中国石化集团以独家发起方式设立中国石化； • 10月，中国石化全球首次公开发行，融资额34.64亿元美元，成为国内首家三地上市的公司。
2001年	• 7月，中国石化A股首次公开发行，融资额118.16亿元人民币，成为国内首家四地上市的公司； • 8月，中国石化以7.79亿美元收购新星石油。
2002年	• 4月， 中国石化通过资产置换及股权转让方式整合湖北兴化； • 12月，中国石化以资产置换的方式收购中国石化集团价值10.31亿元的加油站及油库资产。
2003年	• 10月，中国石化以33亿元人民币从中国石化集团收购茂名乙烯； 12月，中国石化以3.56亿元人民币收购中国石化集团塔河石化和西安石化。
2004年	• 2月，中国石化境内公开发行35亿元人民币企业债券，系我国第一只在交易所挂牌交易的企业债券； • 11月，中国石化以46亿元人民币从中国石化集团收购石化、加油站等资产； • 12月，中国石化以38.76亿元港币吸收合并北京燕化，实现首例H股下市。

续表

2005年	• 11月，中国石化以76.72亿元港币吸收合并镇海炼化，为当年全球规模最大的私有化交易。
2006年	• 4月，中国石化以143亿元人民币要约收购齐鲁石化、扬子石化、中原油气和石油大明四家A股公司，为迄今为止A股市场最大的要约收购交易； • 6月，中国石化通过资产置换及股权转让的方式整合中国凤凰； • 7月，中国石化冠德（红筹股）完成重大资产重组； • 9月，中国石化成功完成A股股权分置改革； • 10月，中国石化对海南炼油化工有限公司以注资方式增加其注册资本； • 12月，中国石化以35亿元人民币收购胜利石油管理局采油资产。
2007年	• 4月，中国石化在境外发行117亿港元可转换债券，为当时亚洲最大规模的可转换债券发行； • 5月，中国石化发行50亿元人民币10年期固息企业债券； • 11月，中国石化发行200亿元人民币川气东送工程公司债券； • 11月，中国石化完成鲁润股份股权转让； • 12月，中国石化以37亿元人民币收购湛江东兴等5家炼厂和63家加油站； • 12月，中国石化通过资产置换及股权转让的方式整合石家庄炼油化工股份有限公司。
2008年	• 2月，中国石化发行300亿元人民币分离交易可转债券，为当时最大的境内再融资； • 6月，中国石化以16.24亿元收购中国石化集团的井下作业资产； • 9月，中国石化通过资产置换及股权转让的方式整合武汉石油。
2009年	• 2月，鲁润股份完成非经营性资产出售，整合基本完成； • 3月，中国石化以18.39亿元收购中国石化集团成品油管道等资产； • 8月，中国石化以39.46亿元收购中国石化集团的研究院等资产。
2010年	• 3月，中国石化以24.57亿美元收购中国石化集团持有的安哥拉18区块50%的权益，为中国石化第一次收购海外上游资产； • 6月，中国石化发行200亿元公司债券，为迄今为止我国交易所市场发行规模最大的公司债券产品。
2011年	• 2月，中国石化公开发行230亿元可转换公司债券。

五、做强做优

近年来，中国石化在新的起点上实现了新的跨越。1983年的石化总公司，业务囿于炼油化工，资产总额210亿元，销售收入272亿元，实现利税107亿元。2010年的中国石化，已是勘探开发、炼油化工、油品营销一体化的能源化工公司，资产总额 1.47 万亿元，主营业务收入 1.96 万亿元，实现税费 2813 亿元。目前，中国石化已成为国内最大的成品油和石化产品供应商、第二大油气生产商，世界第二大炼油公司、第四大乙烯生产商，加油站总数位居世界第二。2011 年，中国石化在《财富》全球 500 强企业中排名升入第 5 位。

中国石化已经站在一个新的历史起点上，进入一个全新的发展阶段。2011 年，中国石化认真学习贯彻胡锦涛总书记在庆祝中国共产党成立 90 周年大会上的重要讲话精神，深入贯彻落实党的十七届五中全会精神和国家“十二五”发展规划部署，提出把“建设世界一流能源化工公司”作为中国石化长远发展的核心目标，大力实施资源战略、市场战略、一体化战略、国际化战略、差异化战略、绿色低碳战略，建立具有中国石化特色的发展模式。围绕确定的发展目标和战略，公司将研究制定切实可行的措施，积极稳妥地向前推进各项工作，大力加快发展方式转变，推进产业结构优化调整，着力做强做优；进一步深化企业内部改革，为打造世界一流能源化工公司提供强大动力；充分发挥产业链和资产资源优势、人力资源优势等，为打造世界一流能源化工公司提供支撑保障。

第二节　责任的基石

“每一滴油都是承诺”源自中国石化内在的发展要求，源自中国石化的企业文化、企业战略和企业运营。中国石化[①]以“建设世

① 饱含社会责任的企业文化则体现了中国石化自身成长与国家发展、社会和谐的融合统一，蕴涵着“每一滴油都是承诺”的丰富内涵。

界一流能源化工公司”作为战略目标，通过提升企业竞争力和可持续发展能力，让每一滴油发挥出最大的价值；在日常运营中持续健全质量管理体系、安全环保体系、精细化管理模式，珍爱每一滴油，提供安全、环保的每一滴油。

一、源自文化

经过多年的传承积累，中国石化形成了自身的核心价值体系，这是“每一滴油都是承诺”的文化渊源。

（一）企业宗旨

中国石化将自身发展与国家、股东、社会、员工等利益相关者有机结合起来，形成了“发展企业、贡献国家、回报股东、奉献社会、造福员工”的企业宗旨，保证企业沿着正确的方向健康发展，

图 1-2 中国石化的企业文化模型

努力打造百年老店和实现基业常青。

发展企业——始终把发展作为第一要务，不断做大做强主业，提高发展质量和效益，努力增强国际竞争力，实现永续发展。

贡献国家——牢记国有骨干企业的责任和使命，不断加快发展、创造财富，努力为维护国家能源安全、增强综合国力做贡献。

回报股东——致力于资产保值增值，以良好的业绩回报股东，努力保障股东稳定而长期的利益。

服务社会——致力于以安全、清洁的方式提供产品和服务，积极参与社会公益事业，服务社会发展。

造福员工——坚持以人为本，维护员工合法权益，积极为员工的全面发展创造条件，共享企业发展成果，实现员工同企业共同发展。

（二）企业愿景

以“建设世界一流能源化工公司”作为愿景目标，通过不懈努力，使公司主业突出、资产优良、结构合理、财务健康、技术先进、绿色低碳、文化独特、治理规范，跻身世界一流能源化工公司前列。

（三）企业精神

以“爱我中华、振兴石化”为精神支柱和力量源泉，顾全大局，勇担重任，爱岗敬业，奋发图强，努力创造一流的业绩和水平，不断发展和振兴中国石化的能源之业、石化之业、跨国之业。

（四）企业作风

传承、丰富和弘扬“精细严谨、务实创新”的优良作风。

精细严谨——以严格的要求和一丝不苟的态度，追求生产上精耕细作、经营上精打细算、管理上精雕细刻、技术上精益求精，努力提升经营管理水平。

务实创新——始终当老实人、说老实话、办老实事，脚踏实地，艰苦奋斗，务科学之实、发展之实、作风之实，与时俱进，勇于创新，敢于超越，努力创造卓越业绩。

（五）经营理念

以“诚信规范、合作共赢”作为企业经营理念。

诚信规范——以信用立企、制度治企作为企业的立身之本和发展之基，坚持以诚相待、重信守诺，认真负责、规范运作，做到言必行、行必果，有法必依、有章必循。

合作共赢——以开放、合作作为持续发展的必由之路，坚持互相尊重、兼容并蓄，取长补短、精诚合作，遵循和尊重业务所在国（地区）法律法规、文化习俗，汲取、融汇合作方的优秀文化和先进经验，做到企业与利益相关方合作发展、互利共赢。

饱含社会责任理念的企业文化是中国石化的责任DNA，是“每一滴油都是承诺”的内在动力和精神源泉。“发展企业、贡献国家、回报股东、服务社会、造福员工”的企业宗旨是中国石化自身成长与回应利益相关方期望的和谐统一，蕴涵着“每一滴油都是承诺”的丰富内容；“建设世界一流能源化工公司”的愿景目标是中国石化增强可持续发展能力的战略方向，是为了在更大的范围、更高的水平践行“每一滴油都是承诺”；“爱我中华、振兴石化”的企业精神和“精细严谨、务实创新”的优良作风是实现“每一滴油都是承诺”的重要支柱，而“诚信规范、合作共赢”的企业经营理念则是中国石化与利益相关方共同发展，共享每一滴油的责任理念。因此，“每一滴油都是承诺”既秉承了企业文化，也是企业文化在新时期的提炼与发扬。

二、源自战略

中国石化以“建设世界一流能源化工公司”作为愿景目标，通过不懈努力，使公司的产业结构、资产结构更加合理，主业经营规模、盈利能力、创新能力明显提升，国际化程度明显提高，人才队伍结构合理、素质优良，企业凝聚力、竞争力明显增强，跻身世界能源化工公司前列。“每一滴油都是承诺”源自中国石化的发展战略。

源自资源战略。中国石化坚持把资源获取放在公司发展的优先位置。强调资源的多样性，既发展常规油气资源，也发展非常规油气资源（包括致密砂岩油气、页岩油气、煤层气等）；既要获取煤炭、成品油、LNG、基础化学品等资源，也要获取码头、仓储、管道等非能源资源。资源获取立足于全球化布局，充分利用国内外两种资源、两个市场，发挥自身优势增强资源获取能力。

源自市场战略。中国石化强调产业布局、产品研发与生产要以市场需求为导向；以差别化产品优势引领消费；突出以客户为中心，为客户提供增值服务，提升竞争实力；完善营销网络渠道，占领终端市场，发展现代物流，开展电子商务，不断增强市场竞争力和影响力。

源自一体化战略。中国石化坚持上、中、下游一体化协调发展，加强板块、区域、企业之间的资源优化，深化油、煤、电、水、气、化产业链的优化组合，实现资源利用价值最大化，推动石油石化与石油工程、炼化工程、公用工程等业务协同发展。

源自国际化战略。中国石化推进上、中、下游业务，包括油气勘探开发、炼油、化工、国际贸易等全球布局，实现国际化发展；工程及专业技术服务业务将继续不断扩大海外市场，实现国际化经营。国际化战略还要求公司在管理理念、体制机制上适应国际化发展的要求。

源自差异化战略。中国石化按照“人无我有”、“人有我优”原则，用好并培育公司特有的资源、技术或业务链结构优势，提供他人无法提供的产品（服务），或者在品种、质量、成本上保持领先，形成消费者容易识别的差异化优势，促进高效发展。

源自绿色低碳战略。中国石化针对世界发展新趋势和国际竞争新动向，大力推进节能减排，积极发展低碳经济，不断提高资源使用效率，大力发展循环经济，加快构建资源节约型、环境友好型企业，打造绿色低碳发展新优势，促进可持续发展。

三、源自运营

“每一滴油都是承诺”也源自中国石化的日常运营，在业务经营的各个环节、各个岗位无不融入着企业社会责任理念，体现着经济效益与社会效益、环境效益的统一。

中国石化的业务范围已经覆盖整个石油石化产业，可以说中国石化本身就是一个石油石化行业。中国石化的发展模式是：市场化运营、专业化发展、差异化竞争、一体化管理、集团化管控、规范化治理。

品质领先。中国石化高度注重产品品质，追求产品品质永远领先一步。笃行“靠品质引领未来、靠品质支撑未来、靠品质创造未来”的信条，构建了覆盖整个集团公司的质量管理体系，并逐步实现了质量管理的全方位管理、全过程控制和全员参与。石油工程和炼化工程企业全部通过了质量管理体系认证，各业务板块切实把好“采购、运输、储存、销售”四个关口，加强质量溯源检验，让“每一滴油”都优质高效。

安全环保。中国石化始终坚持“安全第一、预防为主、全员动手、综合治理、改善环境、保护健康、科学管理、持续发展”的 HSE 方针，推广实施并持续改进 HSE 管理体系。从“要我安全”到“我要安全”，提升安全生产意识，完善安全管理制度；坚持节约发展、清洁发展，在原油产量、原油加工量和乙烯产量逐年增加的情况下，生产过程的能耗、物耗、污染物排放逐年明显下降，让“每一滴油”都安全环保。

科技引领。中国石化始终坚持科技创新是实现可持续发展的“推进器”的方针，努力提高原始创新、集成创新和引进消化吸收再创新能力，特别是在油气勘探开发、资源高效加工利用、新产品开发、节能减排以及实现减缓温室气体排放等方面，积极研发应用核心技术和关键技术，以科技引领“每一滴油”。

精细管理。中国石化全方位推进精细管理，从“每一滴油”做起，每位员工都专注做好每一件事，在每一个环节上精耕细作、精打细算、精益求精。集中资金管理、集中采购管理，严格投资和工程管理，推动制度标准化信息化、全员成本管理，基本建成了以ERP为核心的经营管理平台，以“干毛巾也要拧出三滴水”的作风珍爱“每一滴油”。

第三节　责任的呼唤

“每一滴油都是承诺”源自中国经济社会发展对企业提出的更高要求，源自全球企业社会责任运动的蓬勃发展和中国企业的积极探索。2003年10月，党的十六届三中全会明确提出了“坚持以人为本，树立全面、协调、可持续的科学发展观，促进经济社会和人的全面发展”。科学发展观对中国石化履行社会责任提出了更高的要求，国务院国资委对中央企业履行社会责任的大力推动促使中国石化要成为中国企业履行社会责任的表率，国际一流能源化工企业和国内先进企业的社会责任领先实践激励着中国石化从优秀到卓越，不断超越，让“每一滴油”都饱含责任。

一、科学发展

党的十六届三中全会明确提出，“坚持以人为本，树立全面、协调、可持续的科学发展观，促进经济、社会和人的全面发展”，标志着党和政府在发展观上的重大突破。“以人为本”是科学发展观的本质和核心，其强调了经济发展与社会全面进步，与人口、资源、环境协调共生，并把满足人的生存和发展作为最高的价值追求。“全面、协调、可持续发展”是科学发展观的基本内容。全面，就是要以经济发展带动社会、文化、政治发展与人的全面发展。协调，就是要坚持“统筹城乡发展，统筹区域发展，统筹经济社会发展，统筹人与自然和谐发展，统筹国内发展与对外开放”。可持续，就是要促进人与自然的和谐，实现经济发展和人口、资源、环境相协调的可持续发展道路，既要考虑眼前利益，又要考长远发展的后劲；既要为当代人造福，又要为子孙后代留下发展的空间。总体而言，科学发展观的内涵所强调的是“自然—社会—经济—人类”的持续协调发展，目的是实现社会的全面和谐。

科学发展观是企业全面协调持续发展的哲学基础，对企业的发展提出了更高的要求，也对中国石化履行社会责任提出了更高的要求。

科学发展观要求中国石化又好又快地发展。胡锦涛总书记在十七大报告中说，“实现未来经济发展目标，关键要在加快转变经济发展方式、完善社会主义市场经济体制方面取得重大进展。要大力推进经济结构战略性调整，更加注重提高自主创新能力、提高节能环保水平、提高经济整体素质和国际竞争力”。企业是经济的微观基础，是资源的主要配置者和转变经济发展方式的主要承担者。中国石化要按照科学发展观的要求，走集约型经济增长道路，通过苦练内功提升核心竞争力，增强经济效益，创造社会财富。

科学发展观要求中国石化把以人为本作为企业社会责任的核心。在企业社会责任中，以人为本就是要把人作为企业发展的根本，充分体现人的需要，切实促进人的发展。这里的人包括客户、员工、合作伙伴、社区等利益相关方。因此，科学发展观要求中国石化以领先的技术、高质量的产品和优质的服务对客户负责；将企业价值与员工个人价值有机结合起来，对员工权益、健康安全和个人发展负责；以诚信的合作、公平的竞争对供应商、经销商等价值链伙伴负责；以仁爱之心对需要帮助的社会群体施以援手，对社区负责；以健全的环境管理体系和严格的环境管理制度对生态环境负责。

科学发展观要求中国石化全面协调可持续发展。“全面、协调、可持续发展”是十七大对我国科学发展的基本要求，也是对企业科学发展的基本要求。全面发展的内涵非常丰富，按生产要素来说，全面发展指的是中国石化的企业文化、体制、机制、产品、技术、人员等各方面都得到发展；按生产效果说，企业全面发展指的是中国石化的生产规模、产品质量、品牌信誉、安全环保、社会贡献等方面都得到发展。企业协调发展的内涵也非常丰富，在内部，中国石化各个职能部门和下属企业都能围绕企业使命和价值观自觉行使职责，要认真处理好企业发展过程中局部利益与整体利益、当前利益与长远利益的关系；在外部，中国石化要按自然规律和社会规律经营企业，实现企业成长与资源、环境相协调。

科学发展观要求中国石化必须坚持统筹兼顾。做到统筹企业经济效益与社会贡献的发展、统筹企业经营业绩与节能环保的发展、统筹企业科技创新与核心竞争力的发展、统筹兼顾企业组织内外部群体的利益、统筹企业文化建设与可持续发展能力建设。中国石化既要总揽全局、统筹规划，又要抓住事关企业可持续发展的突出问题，着力推进、重点突破，更好地履行企业社会责任。

二、政府推动

政府是倡导企业社会责任的重要力量，近年来，我国政府积极推动企业履行社会责任。新《公司法》第 5 条明确规定，公司从事经营活动，必须诚实守信，接受政府和社会公众的监督，承担社会责任。同时，各类涉及企业社会责任内容的相关法律规范也督促着企业履行社会责任，包括消费者权益保护、安全生产、环境保护等方面的法律。一些地方政府还通过制定社会责任标准，开展社会责任研究，发布社会责任指引性文件或行动纲要，举办社会责任论坛等促进企业履行社会责任。

中央企业的国有产权属性，使得政府扮演了更为重要、更为直接的角色，成为中央企业社会责任工作的实际推动者。作为政府出资人代表和中央企业的监管者，国务院国有资产监督管理委员会（以下简称国资委）是我国政府推进中央企业社会责任工作的具体部门。2007 年以来，从社会责任研讨、研究、考查到发布社会责任指导意见，国资委开展了一系列中央企业社会责任活动，显著促进了中央企业社会责任的发展。

2006 年开始，国家电网、中国移动、宝钢集团、中国远洋、华能、大唐等中央企业就在积极推动社会责任工作。受其影响，国资委研究室在 2007 年完成了前期研究《中央企业社会责任研究课题报告》，明确了中央企业社会责任的基本含义，研究了国内外企业社会责任的发展与实践，总结了中央企业履行社会责任的基本现状和存在的主要问题，提出中央企业要在构建和谐社会中发挥六个表率作用。

在此基础上，国资委于 2008 年发布 1 号文《关于中央企业履行社会责任的指导意见》，指出中央企业履行社会责任的重要意义、指导思想、总体要求、基本原则、主要内容和主要措施，要求中央企业增强社会责任意识，积极履行社会责任，成为依法经营、诚实守信的表率，节约资源、保护环境的表率，以人为本、构建和谐企业的表率，努力成为国家经济的栋梁和全社会企业的榜样。

2009 年 11 月 3 日，国资委召开中央企业社会责任工作会议，总结交流中央企业社会责任工作的成效和经验，公布 2009 年度“中央企业优秀社会责任实践”征集活动结果，研究部署下一步中央企业社会责任工作。国资委副主任黄淑和指出，中央企业要重点抓好五项工作。一是进一步提高认识，树立科学的社会责任观。二是健全社会责任管理体系，落实工作责任。三是结合企业实际制定社会责任工作规划，在企业日常经营中切实履行社会责任。四是建立健全社会责任报告制度，加强信息披露和责任沟通。五是加强国际交流合作，提高在海外业务中履行社会责任的能力。

2010 年 8 月 11~13 日，国资委研究局主办中央企业社会责任工作培训班，总结交流了中央企业社会责任的最新进展，并对下一步中央企业的社会责任工作提出了要求。

2011 年初，国资委提出中央企业发展的和谐战略。这一战略是中央企业与社会、环境和谐发展的重要指导，是中央企业实现“十二五”改革发展目标的重要内容。和谐发展战略以可持续发展为核心，以推进企业履行社会责任为载体，立足战略高度认识、部署和推进中央企业与社会、环境的和谐发展，为实现“做强做优、世界一流”目标提供支撑。实施和谐发展战略要求中央企业大力推进诚信央企建设、活力央企建设、绿色央企建设、平安央企建设以及公民央企建设，把中央企业建设成为能力显著增强、水平显著提高、形象显著提升的世界一流企业。

国资委的推动调动了中央企业履行社会责任的主动性和创造性，中国石化近年来也积极响应国资委要求，开展社会责任各项工作，包括建立企业社会责任领导机构、发布企业社会责任报告、开展社会责任研究等。和谐发展实施纲要以及中央企业履行社会责任指引性文件的出台，对中国石化履行社会责任提出了更高要求。

表 1–2　国资委推进中央企业社会责任工作的主要历程

时间	关键事件
2007 年 5 月	中组部、国资委共同举办中央企业社会责任高级研讨班，国资委主任李荣融指出：“中央企业要自觉履行企业社会责任，在构建社会主义和谐社会中发挥表率作用。”
2007 年 8 月	国资委研究室完成前期研究《中央企业社会责任研究课题报告》。
2007 年 10 月	国资委组织部分中央企业代表前往欧洲考察先进跨国公司的社会责任实践。

续表

时间	关键事件
2008 年 1 月	国资委发布 1 号文《关于中央企业履行社会责任的指导意见》。
2008 年 4 月	国务院国资委与瑞典政府联合举办中国—瑞典企业社会责任高层论坛。
2008 年 7 月	国资委召开《中央企业社会责任工作座谈会》。
2008 年 12 月	国资委研究室改称“国资委研究局”，增强对中央企业社会责任工作的指导力度。
2009 年 4 月	国资委研究局与中国社科院经济学部企业社会责任研究中心启动“企业社会责任推进机制”课题，总结、探索中央企业推进企业社会责任的路径。
2009 年 11 月	国资委召开中央企业社会责任工作会议。
2010 年 8 月	国资委研究局主办中央企业社会责任工作培训班。
2010 年 12 月	国资委软课题“企业社会责任推进机制研究”课题顺利通过评审，该课题创造性地提出了企业社会责任管理体系框架。国资委研究局指出，2011 年将通过制定中央企业履行社会责任指引性文件，加大中央企业社会责任工作的推进力度。
2011 年	国资委提出中央企业发展的和谐战略，这一战略以可持续发展为核心，以推进企业履行社会责任为载体，立足战略高度认识、部署和推进中央企业与社会、环境的和谐发展，为实现“做强做优、世界一流”目标提供支撑。

资料来源：根据相关材料整理。

三、全球实践

21 世纪以来，全球企业社会责任运动蓬勃开展。一些相关国际组织提出了一系列有关企业社会责任的倡议和原则，呼吁和敦促跨国公司带头履行企业社会责任。2000 年，联合国“全球契约”计划在联合国总部正式启动，在全球推动企业社会责任实践。目前，加入联合国“全球契约”的组织已有 6000 多个。经济合作与发展组织（OECD）推出的 OECD 公司治理原则提供了一套公司治理的标准和指导方针。同时，企业社会责任相关标准相继制定，较为著名的有国际标准化组织（ISO）制定的 ISO14000，英国标准协会（BSI）、挪威船级社（DNV）等 13 个组织提出的 OHSAS18000 系列标准，全球报告倡议组织（GRI）制定的全球报告倡议，未来论坛、责任标准和英国标准协会共同制定的 SIGMA 指导方针，社会责任国际（SAI）制定的 SA8000 等。2010 年 11 月 1 日，国际标准化组织企业社会责任指南（ISO26000）正式发布，将对全球组织的社会责任产生重要影响。

一些国际石油石化企业积极践行企业社会责任，在树立企业社会责任理念、制定社会责任战略、建立社会责任管理体系、推进社会责任实践等方面做出了表率。中国石化作为跨国经营的企业，在2004年正式加入联合国全球契约组织，秉承可持续发展理念，努力促使企业与社会、环境的协调发展。2011年6月21日，中国石化董事长傅成玉先生在纽约联合国总部召开的联合国全球契约理事会上呼吁商界要加强合作，共同努力，解决全球面临的问题和挑战。下一步，将参照国际石油石化企业的先进实践继续推动社会责任工作。

1. 明确企业社会责任理念

进入新世纪以来，企业社会责任越来越成为世界石油石化业关注的重点，国际石油石化企业已把企业社会责任作为投资的新热点、技术进步的新领域、效益的新增长点、竞争力的新要素，由理念转为具体的行动，着力营造与环境、社会和谐发展的“绿色企业”。

表 1–3　国际石油公司企业社会责任理念

公司	社会责任理念
埃克森美孚	保持最高的道德标准，遵守所有适用法律和法规，尊重当地民族和文化，以对经济、社会和环境负责任的方式，满足世界日益增长的能源需求。
BP	提供能源以推动人类文明进步与经济增长，满足人们对可持续环境的需求。
壳牌	创造利润的同时，造福地球和人类。
雪佛龙	把社会、环境和经济三项责任融合到公司核心价值政策的制定和实践中，在经营中最大限度地为当代和子孙后代带来正面影响，参与满足和平衡重要利益相关者的需求。
道达尔	创造利润的同时，持续满足人类的能源需求。

跨国石油石化企业不仅在企业内部的管理、经营理念中体现了对社会责任的承担，而且还主动参与到企业社会责任在全球推广的活动中。

2. 融入企业发展战略

各大国际石油石化企业把最大限度地提高企业的经济效益和回报率，追求人类与环境的协调发展，作为企业制定战略的基本出发点和最高、最终目标。国际石油石化公司将其专业领域的技能、技术创新能力、经营管理的优势作为社会资本的投入与社会或环境问题的解决结合起来，一方面直接地解决某一社会或环境问题，同时实现或提高企业声誉，或降低企业成本，或改善公司竞争环境，从而提高企业竞争能力。因此，其企业社会责任建设与公司发展战略及其具体举措之间保持了高度一致。

3. 发布企业社会责任报告

跨国石油石化公司积极向社会发布企业社会责任报告或可持续发展报告并进行企业社会责任实践宣传和推广，以树立企业良好形象。这种公开的报告和宣传是一种沟通的方式，是社会对企业社会责任的期望和呼吁与企业对社会责任的认知和承担之间的一种对话。据统计，截至 2010 年底，按照全球报告倡议组织的可持续发展报告指南，编写可持续发展报告的约有 50 家能源公司（包括一体化石油公司）和 30 多家化工公司。

4. 建立企业社会责任管理体系

国际石油化工企业从建设社会责任管理机构、构建企业社会责任指标体系等方面推进社会责任管理体系建设。

一些国际石油企业设置专门的社会责任管理机构来负责监督社会责任履行情况，并制定了社会责任工作规划、决策机制、执行程序与控制系统。一种为董事会管理模式，即在董事会层面设专门委员会负责企业责任事务。如壳牌的社会责任委员会，BP 的安全、道德及环境保障委员会，雪佛龙的公共政策委员会，道达尔的道德委员会。这种模式体现出公司对企业社会责任的重视，有利于提高公司社会责任管理的效率，使公司的社会责任监督、问题发现与处理和信息反馈能够更迅速地直达董事会和执行机构，从而促进公司的社会责任管理与实践。另一种为执行机构管理模式，即在董事会的职能中明确董事会要承担企业社会责任，在操作上授权给公司的管理层负责相关事务，如埃克森的执行委员会。一些企业加强一体化管理，构建企业社会责任指标体系。如埃克森美孚公司有统一的全球能源管理系统和环境控制反应系统；BP、壳牌、道达尔等大石油石化公司完善强化了相应的体制制度和评价指标体系。

表 1–4 壳牌公司和巴斯夫公司的责任管理领先实践

对标项	壳牌	巴斯夫
责任战略	• 《壳牌商业原则》明确“诚实、正直、尊重他人”的核心价值观，全方位指导社会责任实践。	• 明确公司的价值观与经营原则：实现可持续盈利业绩；为客户的成功进行创新；安全、健康和环境责任；个人和专业能力；相互尊重和坦诚对话；诚信。 • 明确核心的社会责任议题。包括环境、产品和服务、员工、健康安全等。
责任治理	• 董事会下设社会责任委员会由四位非执行董事组成，负责审查可持续发展政策和绩效。 • 首席执行官对可持续发展负有管理责任，他领导着可持续发展与 HSSE 领导小组。 • 总部设立社会绩效管理部门、HSSE 部门和事件管理部门的，帮助旗下各独立的业务单位解决环境和社会问题。	• 2002 年成立全球“可持续发展理事会”，理事会由八位业务分支总裁和董事会成员组成。理事会下设可持续发展中心，集中现有在可持续发展领域的专家，负责可持续发展战略的研究和推动并给予地区委员会指导。 • 建立了三个区域可持续发展指导委员会，覆盖美洲、亚洲和欧洲三个大区域。主要从战略层面整合地区可持续发展的政策以指导地区公司的运营。
责任融合	• 2006 年，发布《行为准则》，以此规范员工行为，指导员工在日常工作中履行社会责任。 • 定期审核各公司的 HSSE 管理体系，并任命了过程安全专员进行专门的安全审计。要求壳牌所有重要工厂通过 ISO14001 等国际环境标准认证。2007 年，组建了一支由独立的高级过程安全内审员组成的小组，对整个公司是否采用了相关标准进行全面的审计。 • 2000 年，创办壳牌基金会，种子基金是壳牌捐赠的 2.5 亿美元。基金会的宗旨是为与贫穷、能源及环保相关的问题寻找和开发可持续的解决方案。	• 在全球启动了“合规计划”，让每一位员工都了解公司的道德价值观和遵守法律方面的政策，并且贯彻在每一项工作中。任命了一位合规执行官（Chief Compliance Officer），主要负责确保合规计划能够在全球范围内一以贯之地执行以及督查地区合规协调员的工作。 • 在各地区可持续发展指导委员会的领导下，积极履行海外社会责任； 2006 年，在中国可持续发展工商理事会首倡并发起“1+3”企业社会责任项目。每个公司带动其供应链中三大业务合作伙伴，向他们传授企业社会责任的最佳实践与量身定制的解决方案。

续表

对标项	壳牌	巴斯夫
责任绩效	• 可持续发展与 HSSE 领导小组负责评估社会责任绩效和设定优先事项、关键绩效指标和目标等。	• —
责任沟通	• 1998 年开始发布社会责任报告。 • 社会责任外部委员会自 2006 年开始对报告进行评价。 • 公司官网建立可持续发展专栏。 • 委员会一年召开四次会议，主要任务是听取报告和会见整体负责 HSE 和社会绩效的高层管理人员以及负责重大项目和业务的环境和社会影响的管理人员。 • 委员会每年参观壳牌工厂，会见当地工作人员及外部利益相关方，收集工厂的运营成效，了解当地社区的关系，以及如何将我们的标准付诸实践等方面的第一手资料。	• 2001 年开始发布可持续发展报告；2007 年将公司财务报告与可持续发展报告合并，使财务报告中包含了所有的环境责任和社会责任绩效数据。 • 全球可持续发展管理委员会负责公司内外代言、政府与国际组织的沟通；地区指导委员会负责地区的沟通，并把重要议题向全球管理委员会进行汇报。 • 设立社区顾问组负责与社区的沟通。

四、本土探索

2006 年以来，中国企业社会责任运动快速发展，一个突出表现就是中国企业发布社会责任报告的数量迅猛增长，从 2006 年的 32 份增加到 2010 年的 710 份。一些企业社会责任领先的中国企业将社会责任这个“舶来”理念“本土化”，将社会责任理念融入企业战略和日常经营，建立健全责任管理体系，促进日常实践转变，推动内外沟通交流，开展责任研究课题，探索出可供其他企业参考学习的企业社会责任管理模式。

根据最新研究成果，企业社会责任管理体系包括责任战略、责任治理、责任融合、责任绩效、责任沟通和责任研究等六大部分。责任战略方面，一批中央企业明确了社会责任理念，提出了社会责任规划。比如，中国移动通信集团提出了“以天下之至诚而尽己之性、尽人之性、尽物之性”的责任观，并制定了社会责任工作三年规划；宝钢集团提出“全流程绿色管理 + 绿色价值创造”的环境经营构想。责任治理方面，18 家中央企业建立了社会责任委员会；

28家企业建立了社会责任领导小组；有8家中央企业建立了以“社会责任”命名的专职部门。一些中央企业还将社会责任理念积极融入企业日常经营管理，中远集团建立了可持续发展暨全面风险管理委员会的组织机制，建立风险库和风险事件属性库；南方电网公司也在贵州省电网公司设立了关于“节能减排调度”的社会责任示范基地；宝钢集团、南航、国家电网、中国移动、招商局、华润等企业通过建立公益基金会规范了公益事业管理。责任绩效方面，中国移动从中国石油、宝钢集团等企业构建了企业社会责任指标体系。近年来，越来越多的中央企业将责任沟通作为一项重要的企业社会责任工作，85家中央企业在主页上设立了社会责任专栏；70家中央企业发布了企业社会责任报告或可持续发展报告（截至2011年6月）；中钢集团、中国石油还发布了海外社会责任报告。开展责任研究和调查是企业把握社会责任履行情况的重要工具，也是从无到有开展社会责任工作的有力支撑。比如，中国移动、国家电网、中远集团等企业开展了下属企业社会责任实地调研；国家电网、中国移动、中国南方电网、中国中钢、中国石油等中央企业的社会责任工作者加入中国社科院经济学部企业社会责任研究中心，共同推动企业社会责任研究工作。

以上这些中央企业的社会责任管理工作走在了中国企业的前列，为中国石化完善责任管理做出了表率。

五、世界一流

中国石化以半个多世纪的责任之路和融入社会责任理念的企业文化、企业战略、日常运营展现了一个积极履行社会责任的优秀企业；但中国石化责任之路的脚步并不会停息，而将以国际一流石化企业、国内社会责任领先企业为目标，追求从优秀到卓越的持续改进之路。

将中国石化社会责任管理工作现状与国际一流的石油公司和国内企业社会责任领先的中央企业对标，可以看到，虽然中国石化的企业社会责任管理工作已经在诸多方面做出了努力，但仍然有较大的改进空间：制定社会责任战略，从全局上规划、指导社会责任工作；建立健全企业社会责任组织体系，为社会责任规划的实施奠定组织基础；建立企业社会责任工作制度，将社会责任工作制度化；加强企业社会责任宣传，开展企业社会责任培训，提升全员社会责任意识；设立中国石化公益基金会，建立慈善品牌；建立企业社会责任指标体系，推进社会责任绩效考核；在社会责任委员会的统一协调下，系统推进内外部社会责任沟通工作。

图 1-3　中国石化责任管理与国际领先企业的对标结果

第四节　责任的承诺

中国石化在成长发展中践行社会责任，在文化、战略和运营中融入责任理念，历史的积淀与当前的实践凝聚为责任承诺的深厚基础，在全球和中国企业社会责任运动的呼唤中，中国石化集团原总经理苏树林代表中国石化郑重提出，“每一滴油都是承诺”。

一、提出承诺

为更好地总结、传播中国石化社会责任核心价值理念，2010 年 2 月初，中国石化开始向全系统广大干部职工和国内主流媒体征集中国石化企业社会责任口号。编审小组共收到系统内 60 多家单位集体报送口号和个人（包括社会人士）报送口号共 5000 余条，经过仔细研究筛选，确定了 15 个生动简洁的入围口号。

2010 年 4 月，河南安阳发生了乙醇汽油不合格事故（简称“安阳事故”），中国石化的油品质量成为社会各界关注的焦点。在事故面前，中国石化积极应对，分析原因、追究责任、积极沟通、合理补偿，从思想、制度、管理、行动诸方面提高自身质量水平，以杜绝类似事件再次发生的可能。

2010 年 4 月 29 日，中国石化集团党组集体决定将时任总经理苏树林提出的“每一滴油都是承诺”作为公司的企业社会责任口号。这一责任理念既提炼了中国石化厚重的责任之路，也将引导中国石化将企业社会责任全方面融入企业的未来发展。

2010 年 8 月 18 日，中国石化召开了质量工作会议号召全体员工铭记社会责任、恪守诚信理念、追求一流质量、铸就卓越品牌，以“质量永远领先一步”为指导方针，努力实现“质优量足，客户满意”的质量目标，争做维护中国石化品牌形象的忠诚卫士。中国石化向社会庄重宣告“每一滴油都是承诺”，这里的“每一滴油”既包括经销的油品，又包括提供的其他所有产品和服务；承诺的不仅是质量，还包括数量、安全、环保等各个方面。

二、责任理念

2011 年 8 月 26 日，中国石化对全系统深入开展“为民服务创先争优”活动进行全面动员部署。中国石化集团公司党组书记、董事长傅成玉强调指出要认真开展“为民服务创先争优”活动，从客户、员工最需要的地方做起，从客户、员工最不满意的地方改起，突出抓好公开承诺和评议等关键环节，全面提高中国石化服务水平和内外两个满意度。公司对社会公众和广大客户公开“五项承诺”，对广大员工公开“六项承诺”。

（1）落实“每一滴油都是承诺”的企业社会责任口号，继续严格数量、质量、价格管理，保证数量准确、质量合格、价格合规；

（2）积极推进节能减排，发展低碳经济，提供安全、健康、环保的产品和服务环境；

（3）不断加强教育引导，强化员工考核监督，提供高效服务、温馨服务、规范服务；

（4）大力实施“为客户创造价值”工程，实现供需双方合作双赢；

（5）逐步强化多方位监督评价，持续整改提高，努力提升社会公众和广大客户的满意度；

（6）进一步提升员工主人翁地位，逐步完善员工基本薪酬正常增长机制，改善员工工作生活环境，认真落实困难员工帮扶制度，不断提高员工综合素质，有效促进员工实现自我价值。

三、责任模型

“每一滴油都是承诺”的责任模型以“每一滴油都是承诺”责任理念为核心，以责任管理六维框架为基础，以“产生”、“支撑”以及“升华”为责任内容。

博大精深的石油石化文化赋予“每一滴油都是承诺”丰富的内涵，“每一滴油”不仅是指经销的油品，还包括中国石化经营的所有产品和服务；承诺的不仅是质量，还包括数量、安全、环保等各个方面。“一滴油”涵盖了中国石化各主要业务板块。“一滴油”可以是一滴原油、一立方米天然气、一滴炼厂装置中的油、一滴作为化工原料的油，更可以指加油站出售的每一滴油，“一滴油”代表着中国石化完整的产品链。从象征意义上来讲，“一滴油”可理解为所有中国石化人的劳动和奉献，“每一滴油都是贡献”、“每一滴油都是汗水”。

“承诺”，意味着责任引领，勇于担当。承诺的主体包括员工、部门（单位）和公司三个层面，涵盖了全员、全面、全过程。员工要对工作过程和结果做出承诺；部门（单位）要对其他部门和其他工作流程做出承诺；中国石化要对国家、客户、股东、员工、合作伙伴、环境做出承诺。

图 1–4 中国石化“一滴油”模型

第二章　每一滴油都是承诺：管理

中国石化积极探索建立全面、系统的社会责任管理体系。从责任战略、责任治理、责任融合、责任绩效、责任沟通和责任研究六个维度入手，周而复始、闭环改进，将“每一滴油都是承诺”的责任理念融入公司战略与日常经营，引导“每一滴油”的产生、支撑和升华。

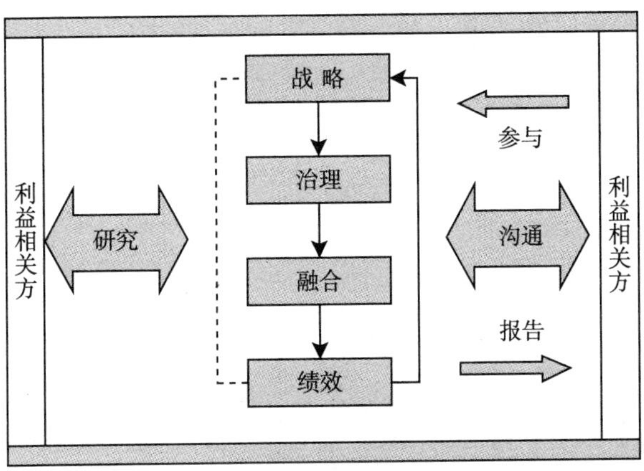

图 2-1　中国石化社会责任管理体系

第一节　责任战略

中国石化在全面认识自身业务对经济社会环境影响、全面了解利益相关方需求的基础上，提出了“每一滴油都是承诺”的责任理念，重点关注能源供应、服务客户、健康安全与环保、气候变化、员工发展和社会公益六大核心议题，正在研究编制中国石化社会责任工作五年规划，明确社会责任工作目标、工作任务、基本思路、履责重点、保证措施、制度建设、队伍建设以及资源投入等内容。

一、责任议题

中国石化集团公司是一个覆盖工程建设、勘探及开采、炼油化工和油品销售的特大型石油石化企业集团。公司业务活动产业链长、覆盖面广，在业务活动的各个环节对社会、环境都有很大影响。

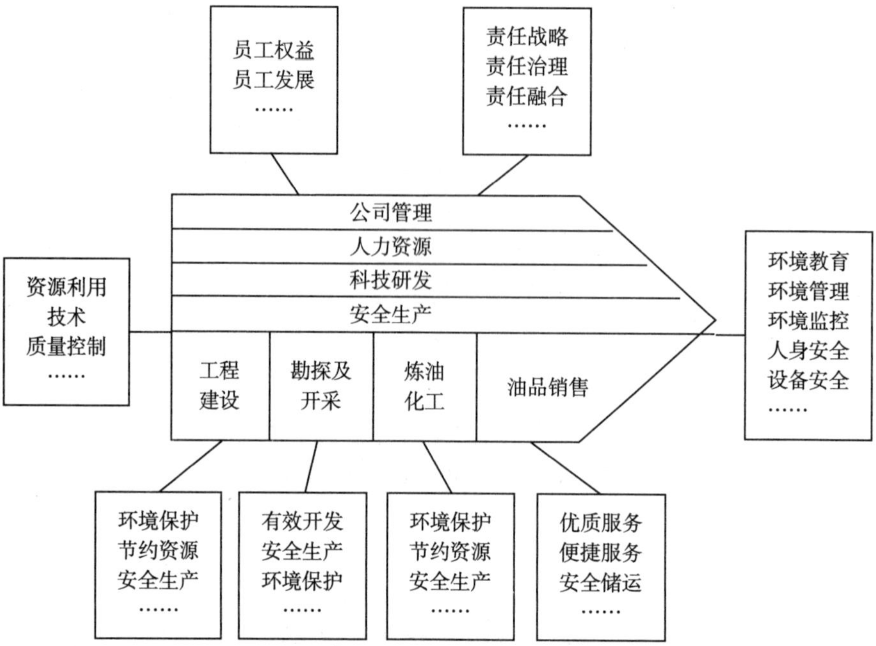

图 2–2　中国石化业务过程对环境、社会的影响

在这些议题中，中国石化集团确定了能源供应、服务客户、健康安全与环保、气候变化、员工发展、社会公益六大实质性议题。

1. 能源供应

目前，全球每年消耗能源超过110亿吨油当量。尽管全球性金融危机的爆发和发展低碳经济的趋势已部分降低了人们对世界能源需求增长的预期，但预计到2030年，世界能源需求总量仍会比目前增加40%以上。虽然新能源和替代能源引起了广泛的关注，但届时能源需求增量的77%仍将来自化石能源，且有超过50%的世界能源消耗必须依赖石油和天然气。为此，人类不得不向各种极端自然条件挑战，将探寻油气资源的脚步不断延伸。作为能源化工公司，能源的开发和供应，将是中国石化长期的社会责任所在。为此，中国石化集团积极扩大资源、增储上产和拓展市场，加快推进海外业务，充分发挥国内外一体化采购优势，坚持进口资源多元化，保证国内资源稳定供应。除此之外，中国石化还坚持在新技术、新能源领域进行不懈的探索，坚定地履行一个大型能源化工公司为社会经济发展提供能源支撑的责任。

2. 服务客户

中国石化提供的产品包括天然气、油品及数千个品种牌号的石化产品。服务的客户包括汽车、纺织、电子电器、建材、包装等下游厂商，运输、农用等大型用户及加油站每天超过1500万位顾客，他们分布在不同的领域和地域，有着不同的消费需求和消费习惯；同时，随着人们生活质量的提高、社会环保要求日益严格，客户需求越来越个性化和具有挑战性。为此，中国石化不断改进服务，一直致力于提供优质的产品、稳定快捷的服务体系和灵活贴心的服务方式。正是因为服务客户满足客户需求，是中国石化的基本责任所在，多年来，公司一直致力于完善服务网络、提高服务水平和改进服务方式，在国内石油化工产品供应体系中发挥了积极作用。

3. 健康安全与环保

安全发展、清洁发展和节约发展，是社会的发展趋势和中国石化的不懈追求。安全生产、环境友好、资源节约、职工健康，是中国石化的使命，也是中国石化始终如一认真履行的责任。多年来，中国石化始终坚持“安全第一、预防为主、全员动手、综合治理、改善环境、保护健康、科学管理、持续发展”的 HSE 方针。通过推广实施 HSE 管理体系并持续改进，有效地控制了重大灾害事故的发生率和伤亡率，降低了企业成本，节约了能源和资源，树立了企业健康、安全和环保的良好形象，改善了企业和所在地政府及居民的关系，吸引了投资者，实现了社会效益、环境效益和经济效益的协调提高。

4. 绿色低碳

作为负责任的能源化工公司，中国石化将应对气候变化作为自身不可推卸的责任和义务，正努力转变发展方式，积极发展低碳经济，优化能源结构，加强低碳能源开发利用，推进节能减排，加快二氧化碳回收利用工业试验研究，努力减少温室气体排放，加强应对气候变化的能力建设。中国石化坚持走低碳发展道路，积极采取现阶段可行的各种措施，同时加强能力建设，努力减少温室气体排放，为人类应对气候变化做出贡献。

5. 员工发展

员工是企业长远发展的基石。中国石化坚持以人为本，尊重员工，关爱员工，认真履行员工发展责任。营造团结和谐的工作氛围，畅通人才成长通道，为员工发展搭建平台，促进全员素质的提高。另外，中国石化认为员工发展的历程是与企业共同成长的过程，因此，中国石化取得的成果要让员工切实感受到、享受到。在对员工的关心方面，中国石化不仅要做好物质方面的保障和供应，而且更要做好精神层面的提升和锻炼，让员工在工作中真正实现自我价值和人生目标，为国家、为社会做出更大的贡献。

6. 社会公益

多年来，中国石化始终坚持关注民生，回报社会，在不断加快发展的同时，积极推进企业与社会的和谐发展。2009 年，公司进一步加强了对外捐赠的管理工作，明晰了责任机构并制定了《中国石化对外捐赠管理办法》，为公司更加规范、有序、及时有效地开展对外捐赠工作奠定了制度基础。另外，中国石化还积极支持、参与公益事业建设，时刻关注社会整体利益，在海内外和谐社区建设、扶贫援藏、捐资助学、赈灾济危，以及发展国家体育事业、推动全民健身等方面做出了积极的努力。

二、责任规划

企业社会责任涵盖企业运营过程的方方面面，没有目标和规划，很难推进和落实"每一滴油都是承诺"的理念。公司按照国务院国资委《关于中央企业履行社会责任的指导意见》的要求，正在研究编制中国石化社会责任工作五年规划，明确社会责任工作目标、工作任务、基本思路、履责重点、保证措施、制度建设、队伍建设以及资源投入等内容。中国石化将以国内外先进企业的标准积极推进公司社会责任工作，系统开展责任战略、责任治理、责任融合、责任绩效、责任沟通和责任研究，对内落实"每一滴油都是承诺"的责任理念，对外树立"每一滴油都是承诺"的责任品牌。

表 2-1 中国石化社会责任五年规划的三大原则

原 则	内 容
实质性	CSR 规划根据企业的社会责任议题和核心业务的发展来制定。
同步性	CSR 规划与企业的战略规划同步。
参与性	CSR 规划征求各部门、分子公司和广大员工的意见。

2011 年，公司着力推进社会责任治理、创新社会责任沟通、强化社会责任绩效，积极开展企业社会责任工作。

第一，有效推进社会责任治理。

——在已经成立集团企业社会责任领导小组的基础上，有效推进企业社会责任管理，将设置专门处室和专人管理，逐步推进全系统企业社会责任管理体系的建设。

——推进制度性建设。调研、研究制定《中国石化企业社会责任管理办法》。明确报告编制、责任沟通、信息报送、推进实践等方面的工作要求。

——开展社会责任绩效考评。评选“中国石化社会责任优秀单位”和“中国石化社会责任优秀个人”，推进企业社会责任管理。

第二，有效推进责任规划。

——研究编制中国石化社会责任工作五年规划。制定公司社会责任工作发展战略。

——推进专题研究。利用研究基地的优势，研究公司社会责任的管理模式、推进机制、传播方式、优秀实践等方面问题，提出建议。

第三，做好社会责任沟通工作。

——编制各年度企业社会责任报告，做好发布工作。

——开展企业社会责任优秀实践评选工作，征集优秀案例。

——开展中国石化“社会责任日暨公众开放日”宣传活动。组织利益相关方走进中国石化，传播公司社会责任优秀实践。

——组织国资委“中央企业社会责任推进机制研究”调研。

——组织社会责任培训，制订培训计划，编制培训教材，逐步推进培训工作。

第二节　责任治理

中国石化的责任治理包括必要的组织体系、制度体系和责任体系，保证公司社会责任理念得以贯彻，保证公司“每一滴油都是承诺”的理念落实到日常工作中。

一、组织体系

企业社会责任工作涉及企业管理的各个方面和日常运营的各个环节，需要一套覆盖公司各个部门、各个层级的组织体系来保障。中国石化在 2008 年成立了中国石油化工集团公司企业社会责任报告编委会，负责中国石化社会责任报告编写和社会责任工作的管理。在此基础上，2009 年，调整成立中国石化集团公司企业社会责任工作领导小组，并下设办公室，完善中国石化集团公司企业社会责任工作领导体系。下一步，公司将要求下属单位建立相应的社会责任组织体系，负责推进实施集团公司社会责任工作的决策部署，由单位主要负责同志担任领导小组组长，并明确一名班子成员担任领导小组副组长，分管本单位社会责任工作，领导小组下设办公室，领导小组办公室的日常工作由办公室组织开展。

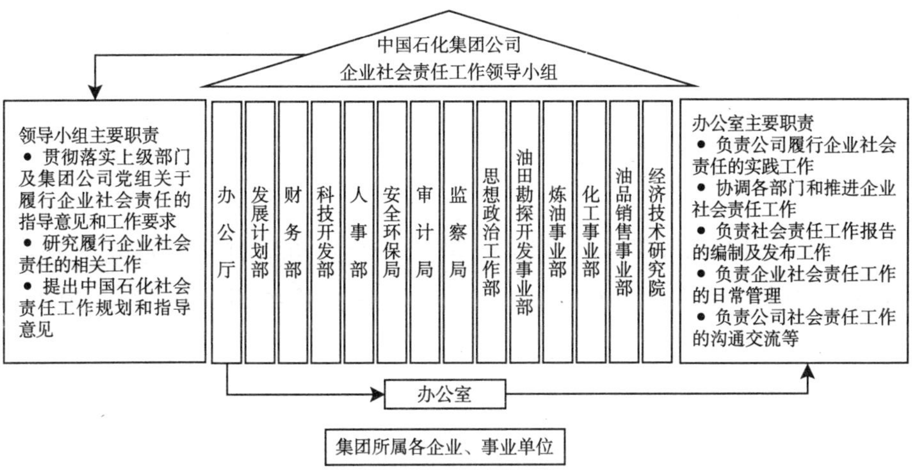

图 2-3 中国石化集团公司企业社会责任工作领导体系

二、责任制度

社会责任工作的开展落实需要有力的制度保证。针对社会责任专项工作，中国石化正在按照战略性、全面性、系统性、参与性的原则，研究制定《中国石化企业社会责任管理办法》，明确社会责任组织体系、推进实践、信息统计、报告编制、责任沟通等方面的工作要求。

表 2–2 《中国石化企业社会责任管理办法》编制原则

原则	详解
战略性	企业社会责任目标要与企业战略目标高度统一，追求战略发展与责任承担的有机统一。
全面性	企业社会责任管理要覆盖公司业务与管理的全方位、全过程，关注和影响企业全部的利益相关方。
系统性	企业社会责任管理过程要与企业运营管理过程紧密融合，是对不同部门、不同专业、不同层级基于统一标准的系统性管理。
参与性	企业社会责任管理要通过有效的利益相关方参与，将相关方意见引入企业相关决策和管理改进过程。

三、部门职责

中国石化从总部各职能部门到各分子公司都有职责落实“每一滴油都是承诺”的责任理念，在社会责任工作推进、日常运营中肩负相应的责任。

四、个人职责

公司从管理层到执行层每一个员工都精细严谨、务实创新，在日常工作中落实“每一滴油都是承诺”的责任理念，践行“一滴油”精神。

表 2-3 中国石化各部门的 CSR 责任

机构/部门	主要职责
社会责任领导小组	• 负责集团公司整体企业社会责任管理的领导和决策工作； • 审议、批准集团公司企业社会责任管理相关政策及制度； • 审议、批准集团公司企业社会责任战略目标、规划、年度计划以及重大项目； • 审议、批准集团公司年度企业社会责任的相关目标、计划和重大项目的调整方案； • 审议、批准集团公司年度企业社会责任报告； • 审议、决策集团公司企业社会责任管理中的其他重大事项。
企业社会责任办公室（办公厅）	• 负责集团公司社会责任管理体系建设及整体企业社会责任管理工作； • 负责组织制定集团公司企业社会责任管理相关政策及制度； • 负责组织制定集团公司企业社会责任战略目标、规划、年度计划及重大项目； • 负责指导、推进、监督集团公司所属各公司的企业社会责任工作，对口指导各公司的战略管理责任部门履行企业社会责任管理职责； • 负责及时跟踪监控总部各部门、集团公司所属各公司企业社会责任目标、计划和重大项目的完成情况，并根据需要提出调整建议； • 负责组织编制集团公司年度企业社会责任报告； • 负责对集团公司的企业社会责任推进工作进行统筹协调； • 负责与企业社会责任相关协会、组织的日常沟通与联络。
各部门/分子公司	• 负责根据集团整体框架建立并完善企业社会责任管理的规范制度和流程，并根据实际不断改进提升管理效能； • 负责本单位企业社会责任年度实施计划编制、申报、落实及效果评估； • 负责组织落实集团整体企业社会责任重大项目并组织开展具有当地特色的企业社会责任实践活动； • 负责本单位企业社会责任相关信息、数据的收集、整理和报送工作； • 负责强化企业社会责任内部宣贯培训及外部利益相关方沟通工作，有效树立和传播负责任的企业形象。

表 2-4 “一滴油”精神

英文标识	承诺内容	详细解读
P：Pragmatic	务实	大处着眼，小处着手。
R：Reliable	可靠	珍爱品牌，注重质量。
O：Obligation	担当	分解承诺，担当责任，“为每一滴油而工作”。
M：Moral	道义	油不溶于水，勾兑不了，稀释不了，“坚守每一滴油”。
I：Innovation	创新	“每一滴油”都体现着创新，“多产一滴油”，“用好每一滴油”。
S：Safe	安全	安全第一、注重本质、预防为主、综合治理。
E：Economical	节约	一滴油不算多，点点滴滴汇成河；当用十分不惜，不用一点不费。

第三节　责任融合

经过多年发展，中国石化已初步建立适应市场经济和现代企业制度要求的体制框架和机制雏形，实现了由传统向新型国有企业的转变。“每一滴油都是承诺”的社会责任理念，已经深深地融入中国石化的生产经营的方方面面，包括融入战略、融入日常管理、融入企业文化、融入危机管理四个方面。

一、融入战略

中国石化积极将“每一滴油都是承诺”的责任理念与企业资源、市场、生产、国际、差异化和绿色低碳战略相结合：

将“每一滴油都是承诺”融入资源战略，找到“每一滴油”，提高资源获取的安全性、经济性、稳定性，绿色、环保。

将“每一滴油都是承诺”融入市场战略，卖好“每一滴油”，完善石油和石化产品营销网络，发展现代物流体系，提高服务标准和水平，培育提升中国石化品牌形象。

将“每一滴油都是承诺”融入一体化战略，优化“每一滴油”，坚持上、中、下游一体化协调发展，实现整体产业链的优化组合；加强板块、区域、企业之间的资源优化整合，实现规模化、集群化发展，实现资源利用价值最大化。

将“每一滴油都是承诺”融入国际化战略，走出去，引进来，建立海外油气投资、炼化投资、贸易和工程技术服务紧密结合的良性互动体系，推进海外业务快速发展，努力提高国际化经营程度。

将“每一滴油都是承诺”融入差异化战略，提供差异化的产品

（服务），在品种、质量、成本上保持领先，形成消费者容易识别的差异化优势，促进高效发展。

将“每一滴油都是承诺”融入绿色低碳战略，大力推进节能减排，积极发展低碳经济，不断提高资源使用效率，大力发展循环经济，加快构建资源节约型、环境友好型企业，打造绿色低碳发展新优势，促进可持续发展。

二、融入日常管理

中国石化集团将用“每一滴油都是承诺”的理念改造现有的运营制度，使得企业社会责任（以下简称“CSR”）制度融合到公司日常管理之中。

表 2–5　中国石化运用“每一滴油都是承诺”对现有运营制度的改造

<table>
<tr><td rowspan="5">集团管理</td><td>内部审核控制程序</td><td rowspan="8">员工</td><td>工时管理及工作报酬工作程序</td></tr>
<tr><td>内部沟通</td><td>文件与资料管理控制程序</td></tr>
<tr><td>紧急事件应变程序</td><td>员工投诉控制程序</td></tr>
<tr><td>机械设备维修与保养控制程序</td><td>无歧视工作程序</td></tr>
<tr><td>纠正及预防措施控制程序</td><td>非强迫性工作程序</td></tr>
<tr><td>利益相关方</td><td>内外部沟通控制程序</td><td>培训控制程序</td></tr>
<tr><td rowspan="3">环境</td><td>降低二氧化碳排放强度的工作程序</td><td>集团谈判工作程序</td></tr>
<tr><td>资源的回收利用程序</td><td>安全管理控制程序</td></tr>
<tr><td>清洁发展机制项目执行程序</td><td>儿童</td><td>环境教育工作程序</td></tr>
<tr><td>供应商</td><td>供应商管理控制程序</td><td>产品</td><td>废弃物回收和再利用程序</td></tr>
</table>

三、融入企业文化

企业社会责任是企业文化建设的有机组成部分，中国石化努力将责任理念融入企业文化建设，引导全体员工主动认同和自觉奉行“每一滴油都是承诺”这一核心价值理念。

（1）“每一滴油都是承诺”与企业宗旨。中国石化以“发展企业、贡献国家、回报股东、服务社会、造福员工”作为企业宗旨。企业宗旨是企业的目标，也是企业的承诺，企业宗旨的五个方面与“每一滴油都是承诺”的有机统一，体现了国家、社会、股东、企业与员工利益相协调，当前与长远发展相协调，企业与社会、环境相协调，是集团公司生存发展的意义所在和对履行社会责任的自觉追求。

（2）“每一滴油都是承诺”与企业愿景。中国石化以“建设世界一流能源化工公司”作为企业愿景。企业愿景是企业的长期愿望及未来蓝图，是“我们希望成为怎样的企业”的持久性回答和承诺，体现出“每一滴油”永恒的追求。在企业里，每位员工也像“一滴油”，个人的能量汇聚成巨大的推动力。每位员工的付出，都与建设具有世界一流能源化工公司息息相关。要实现企业愿景，就必须从我做起，从“每一滴油”做起，把心思倾注在“每一滴油”上。

（3）“每一滴油都是承诺”与企业精神。中国石化传承、丰富和弘扬“爱我中华、振兴石化”的企业精神。“爱我中华，振兴石化”的企业精神是对以爱国主义为核心的民族精神的传承，是爱国主义精神在石油石化行业的集中体现。“每一滴油都是承诺”是中国石化企业精神在社会责任上的具体反映，折射出了中国石化人一心一意谋发展，创造效益为国家的豪情壮志，体现了石油石化员工立足岗位、知难勇进、发展企业、贡献国家、服务社会的责任担当。

（4）“每一滴油都是承诺”与企业作风。中国石化继承和发扬“精细严谨、务实创新”的优良作风。企业作风是企业文化的彰显和外化，“每一滴油都是承诺”是企业社会责任的彰显和外化，员工的价值最终体现在“每一滴油”上，员工提供的不仅仅是产品，更是一份社会责任。企业的价值最终体现在“每一滴油”上，重视“每一滴油”是企业深化精细管理的必然要求，是企业务实开拓创新的奠基之石。中国石化竞争力的提升和整体形象的塑造是系统的过程，需要靠“精细严谨、务实创新”的企业作风积累“每一滴油”。

（5）“每一滴油都是承诺”与经营理念。中国石化以“诚信规范、合作共赢”作为企业经营理念。依法经营、诚实守信是企业最基本的社会责任，是“每一滴油都是承诺”的最基本要求，是遵守法律法规制度的刚性要求，是切实履行国有资产保值增值的经济责任的需要。每一滴油从进厂到送到消费者手中，都要经过复杂的加工工序，“每一滴油都是承诺”是每位员工的行为准则，做到采购好“每一滴油”、生产好“每一滴油”、储运好“每一滴油”、销售好“每一滴油”、服务好“每一滴油”。

四、融入危机管理

中国石化高度重视应急管理工作，按照“全员、全过程、全方位、全天候”的管理原则，建立了自下而上、完整统一的应急管理指挥体系。总部成立了应急指挥中心，全面负责中国石化重特大事故的应急管理工作。针对重特大事件明确规定了报告程序，针对对外投资建立了重大事项报告备案制度，针对资金管理建立了重大事项报告制度。对突发事件信息，公司按突发事件性质、类别进行分级管理。中国石化还建立了各级新闻发言人制度，代表公司或所属企业对外发布信息。中国石化建立舆情监测、研判和处置机制，根据舆情事件发生发展的规律及特点，把握舆情走势，判断舆情风险，收集相关信息，进行分类处置。中国石化还建立了适当的外部沟通渠道，以保证与投资者和债权人、客户、供应商、政府、监管机构、外部审计师、律师、新闻媒体等利益相关者的有效沟通，及时传达公司的各种信息及需求，同时对外部的建议、投诉和其他信息予以处理和反馈。

“一滴油”的故事

中国香港地区“熄火门”事件

2010年1月3日，香港当地媒体报道称，由于加入了中国石化的气，香港有几千辆出租车无法启动。报道称，这些出租车在中国石化香港分公司大埔、马鞍山和元朗等专用加气站加气后，出现了大量难以启动或慢速时“熄火”的现象。于是车主就认为是中国石化的气不合格，导致了车辆故障；多家香港媒体纷纷对中国石化进行指责。香港机电工程署管理处也开始对中国石化进行调查。中石化香港油站有限公司收到“死火”情况报告后，当即启动了应急机制，向特区政府机电工程署详细通报此事，和当地政府就有多少车辆熄火进行核查，并就LPG的运输过程开展核查工作。

第一，中国石化把这件事通知了公司的内部专家组。于是，由油的专家、气的专家、油库储存专家组成的专家组，1月5日一上班就到香港去了。同时公司又从澳大利亚请来了专家。

第二，中国石化成立了应急小组，指定了一名说粤语的香港地区发言人。同时，由于这个信息已经传播到了内地，公司又派了一名油气公司的发言人在内地进行澄清。

第三，中国石化在第一时间向独立的第三方机构SGS提出申请，申请SGS来对全部油气进行核查、采样、检测。与此同时，中国石化也请了当地的公关公司协助中国石化和当地的公众及业界进行沟通。

第四，中国石化还跟政府部门合作，对此事件做了正面回应。公司委托独立化验机构进行的检测显示，所有在港销售的石油气均不存在质量问题。公司愿全力配合由业界、消费者、汽车协会、政府、媒体代表等组成的特区政府调查小组，进行深入调查，继续全力做好香港的LPG供应。

2月2日，公司安排香港媒体和业界代表参观了企业所属的油气基站。他们说，中石化的油气生产完全与国际接轨，管理非常到位。2月5日，又有多家香港媒体到中国石化参观。

3月16日，最终调查结果证明，中国石化的油气质量没有问题。3月18日，中国石化新闻发言人再次澄清了事实，重申中国石化石油气质量没有问题。中国石化视质量为生命，靠品质引领未来，靠品质赢得未来，靠品质支撑未来，打造“百年老店”。

五、责任培训

企业社会责任不是一项新的工作，而是以新的方式来开展工作（联合国前秘书长安南，2006）。关键在于企业的干部/员工认知、理解、认同企业社会责任，转变工作方式，取得责任绩效。

2011年1月，中国石化董事会秘书局主任、新闻发言人黄文生在中国石化远程教育网讲授“国有企业社会责任与危机管理”，在总部多功能厅设立分会场，在全系统所有的直属企业设立分会场视频会议，在远程教育网现场直播，2万人同时收看。

中国石化集团将在专著《每一滴油都是承诺——中国石化社会责任理论与实践》出版以后，开展全公司的社会责任系列培训，使全体员工深刻理解“每一滴油都是承诺”的理论要点和实践框架，使“每一滴油”精神“入脑入心入行动”。

第四节 责任绩效

企业社会责任绩效管理包括构建企业社会责任指标体系，依据指标体系对履行社会责任绩效进行考核评价，以及构建社会责任奖惩机制。中国石化的绩效评估体系已经纳入了对企业社会责任相关指标，未来将进一步完善社会责任绩效管理，推动社会责任管理与实践的持续改进，确保“每一滴油都是承诺”的理念得以落实。

一、指标体系

企业社会责任涉及企业运营的各个环节，因此，要对履行社会责任绩效进行评估必须依赖于一套系统的指标体系。构建既全面包含企业社会责任的各项内容又充分体现中国石化对经济、社会、环境的实质性影响的指标体系，是有效开展中国石化企业社会责任绩效评估的基础。

（一）构建原则

中国石化企业社会责任指标体系的构建把握几个重要原则，即科学性、全面性、可行性、可比性和动态性。

表 2-6 中国石化企业社会责任指标体系构建原则

原 则	详 解
科学性	既能反映“每一滴油都是承诺”的本质内涵，又要避免指标间的重叠，以使评价目标和评价指标有机联系起来，组成一个层次分明的整体。所选取的指标必须概念清晰、含义明确。
全面性	全面反映企业与各利益相关方的关系以及企业与经济、社会、环境的关系，体现“每一滴油都是承诺”的丰富内涵。

续表

原　则	详　解
可行性	所涉及的指标在实践中便于获取，能够进行测算、统计和汇总。指标度量在技术、投资和时间要求上可行，能够采用准确可信的测算方法；指标的数据采集应尽量节省成本，讲究成本效益比。
可比性	包括纵向可比性和横向可比性。纵向可比性意味着不同时点上的指标值可以进行比较，以反映企业履行社会责任行动与绩效进步的情况；横向可比性意味着不同企业的指标值可以进行有意义的比较，以反映自身履行社会责任的水平。
动态性	及时调整、动态更新，反映利益相关方对中国石化履行社会责任的新要求；同时，随着中国石化社会责任管理体系的不断完善，一些过去难以测算和统计的指标也将具备可行性，应当充实到社会责任指标体系中。

（二）构建依据

企业社会责任指标体系的构建要以中国石化自身特点和内外部对企业的责任期望或要求为依据。重点参考的构建依据包括企业自身特点、法律法规或行业规范、国际公约、国内外关于企业社会责任指导性文件。

表 2–7　中国石化企业社会责任指标体系构建依据

依　据	详　解
企业自身特点	作为中央企业，担当着保障国家能源供应的重任；作为石油石化行业企业，安全生产责任、环境责任突出；作为世界 500 强特大型企业集团，利益相关方众多，履行社会责任压力大；作为服务全国各省并跨国经营的企业，不仅要关注国内各地区经济、社会发展，还要积极履行海外社会责任。
国际公约	包括国际人权公约、国际环境公约、国际劳工组织公约等。
国内相关法律法规	包括股东权益保护、消费者权益保护、员工权益保护、安全生产、环境保护、等方面的法律法规。
行业规范	行业协会制定的行业内企业社会责任的标准和指引。
国际社会责任倡议文件	“全球契约”十项原则、ISO26000 社会责任指南、OHSAS 18000 职业健康安全管理体系、SA8000 社会责任国际标准、健康、安全与环境（HSE）管理体系、《可持续发展报告指南》及系列行业补充文件、AA1000 审计标准、审计约定国际标准（ISAE 3000）。
国内社会责任倡议文件	国务院国资委《中央企业履行社会责任指导意见》、上海证券交易所所《关于加强上市公司社会责任承担工作的通知》、《上海证券交易所上市公司环境信息披露指引》、中国工业行业及企业社会责任体系纲要。

（三）指标体系构成

1. 指标体系框架

根据指标体系框架和中国石化履行社会责任的关键议题，可以看出中国石化企业社会责任指标体系的主要内容。

表 2-8 中国石化企业社会责任指标体系主要内容

一级指标	二级指标	三级指标
责任管理	责任战略	CSR 理念
		CSR 议题
		CSR 规划
	责任治理	CSR 组织
		CSR 制度
		CSR 责任
	责任融合	融入战略
		融入日常运营
		CSR 危机管理
	责任沟通	利益相关方参与
		CSR 网站
		CSR 报告
		内部 CSR 沟通
	责任研究	独立 CSR 课题研究
		合作 CSR 课题研究
		参加标准制定
市场责任	股东责任	投资者关系管理
		成长性
		收益性
		安全性
	客户责任	保障供应
		产品质量
		服务质量
		技术创新
	伙伴责任	供应链责任管理
		诚信经营
		公平竞争

续表

一级指标	二级指标	三级指标
社会责任	政府责任	守法合规
		响应政策
		税收贡献
		促进就业
	员工责任	权益保护
		平等雇佣
		员工发展
		职业健康
	安全生产	安全管理体系
		安全培训
		安全事故
	社区参与	本地化雇佣
		本地化采购
		公益捐赠
环境责任	环境管理	环境管理体系
		环保培训
		绿色采购
		环保技术、设备的研发与运用
		保护生物多样性
	节约资源能源	降低能耗
		节约水资源
		发展循环经济
		发展可再生能源
		绿色办公
	降污减排	废气减排
		废水减排
		废弃物减排
		积极应对气候变化

三级指标明确了中国石化企业社会责任指标体系需要体现的责任议题，将三级指标进一步分解、细化，并筛选出具有可操作性的指标，最终可形成用于考核评价的中国石化企业社会责任指标体系。

2. 指标类别

由于企业社会责任涉及企业经营的各个方面，因此企业社会责任指标体系必然是指标数量众多、涵盖内容广泛。对指标进行分类有益于指标体系管理和 CSR 考核评价的实施，不同类型的指标采用不同方式的考核办法。

（1）按照指标性质分类。

定性指标：反映社会责任制度建设和具体的履行社会责任活动，一般表述为“是否建立了××制度”、“是否开展了××活动”。

定量指标：主要反映履行社会责任目标的落实情况、履行社会责任制度的建设成果和履行社会责任活动的具体绩效。

（2）按照指标作用分类。

制度类指标：这类指标主要反映社会责任制度建设情况，包括是否建立专门的社会责任制度和是否建立与履行社会责任要求相关的制度。

过程类指标：这类指标主要反映社会责任的管理过程，包括社会责任管理行为和社会责任管理的投入等。

结果类指标：这类指标反映社会责任的成效和结果，包括正面指标和负面指标。

二、考核评价

中国石化关注企业运营对经济、社会、环境的影响，已经将社会责任考核评价的内容纳入了企业内控体系中，设置了明确的考核点。这些考核内容体现了中国石化履行社会责任的实质性议题，体现了“每一滴都是承诺”的责任理念，但考核指标的全面性还有所欠缺。随着企业社会责任指标体系的建立健全，中国石化企业社会责任考核评价将全面实施，并配合以奖惩机制，切实推动社会责任实践和绩效的改进。

表 2–9　中国石化企业社会责任考核内容

<table>
<tr><th>考核内容</th><th>所属二级指标</th><th>所属一级指标</th></tr>
<tr><td>股份公司按规定披露定期报告、临时报告以及自愿性信息披露</td><td rowspan="3">股东责任</td><td rowspan="13">市场责任</td></tr>
<tr><td>确保资金安全</td></tr>
<tr><td>防范财务风险</td></tr>
<tr><td>确保油品质量，杜绝混油</td><td rowspan="8">客户责任</td></tr>
<tr><td>油罐清洁度符合国家标准</td></tr>
<tr><td>油品计量精度符合国家标准</td></tr>
<tr><td>天然气质量符合国家标准</td></tr>
<tr><td>保证冬季天然气供应</td></tr>
<tr><td>及时解决投诉和纠纷</td></tr>
<tr><td>及时对操作人员进行培训</td></tr>
<tr><td>确保便利店食品安全</td></tr>
<tr><td>按照公正、公平和竞争原则选择供应商</td><td rowspan="2">伙伴责任</td></tr>
<tr><td>供应商社会风险、环境风险评估</td></tr>
<tr><td>依法纳税</td><td rowspan="5">政府责任</td><td rowspan="18">社会责任</td></tr>
<tr><td>保证油、气市场供应稳定</td></tr>
<tr><td>遵守国家成品油价格有关规定</td></tr>
<tr><td>原油销售用户选择符合国家法律、法规</td></tr>
<tr><td>按国家规定取得探矿权及采矿权</td></tr>
<tr><td>人员招聘坚持公平竞争</td><td rowspan="6">员工责任</td></tr>
<tr><td>劳动用工遵守国家相关法律法规</td></tr>
<tr><td>社会基本保险符合国家和地方相关政策规定</td></tr>
<tr><td>福利制度符合国家和地方相关政策规定</td></tr>
<tr><td>制订并认真落实培训计划</td></tr>
<tr><td>制定合规、合理的内部分配制度</td></tr>
<tr><td>制定并及时修行安全生产责任制度</td><td rowspan="7">安全生产</td></tr>
<tr><td>完善 HSE 管理体系</td></tr>
<tr><td>及时开展安全培训和教育</td></tr>
<tr><td>开展综合应急预案演练</td></tr>
<tr><td>组织全系统安全检查</td></tr>
<tr><td>及时排查安全隐患</td></tr>
<tr><td>职业病危害因素监测</td></tr>
<tr><td>制定并及时修订环保责任制度</td><td rowspan="4">环境管理</td><td rowspan="4"></td></tr>
<tr><td>完善 HSE 管理体系</td></tr>
<tr><td>及时开展环保培训和教育</td></tr>
<tr><td>开展综合应急预案演练</td></tr>
</table>

续表

考核内容	所属二级指标	所属一级指标
组织全系统环保检查	环境管理	环境责任
及时排查安全环保隐患		
及时上报《环保、节水统计报表》		
对原油管道、水路、铁路、公路运输进行环境日常监控，正确处理管道漏油、水上溢油事故		

三、评优活动

开展企业社会责任优秀评选既能调动中国石化各部门和各下属企业履行社会责任的积极性，也能为“每一滴油都是承诺”责任理念的落实树立典型，促进责任理念的传播和“承诺”的兑现。中国石化企业社会责任优秀评选将采取优秀案例评选和社会责任示范基地建设两种方式。

（一）典型案例评选

建立中国石化社会责任典型案例评选机制，要求各部门和下属企业定期上报社会责任管理和社会责任实践的最新进展，由企业社会责任工作领导小组、企业社会责任归口管理部门和外部企业社会责任专家共同评选出社会责任优秀案例。典型案例要充分体现“每一滴油都是承诺”的责任理念，具有战略性、实质性、创新性和延伸性等特质，代表中国石化在责任管理、市场责任、社会责任和环境责任方面的优秀实践。对入选优秀案例的部门和下属企业要给予表彰，并通过会议、刊物、网站等多种渠道在中国石化集团内外广泛传播。

（二）示范基地

在评选出的社会责任优秀案例的基础上，企业社会责任工作领导小组每年选择两三个责任管理或责任实践最为突出的部门、下属企业、加油站等授予“中国石化集团企业社会责任示范基地”荣誉称号，树立中国石化各部门和各下属企业履行社会责任的典范。

“一滴油”的故事

燕山石化成为中国石化首家社会责任示范基地

中国石化的社会责任工作植根于公司的各个单位、各个部门，为做好全公司的社会责任管理工作，在全系统推出“每一滴油都是承诺”这个口号，在2011年5月31日举行的中国石化社会责任报告发布会暨公众开放日活动中，授予燕山石化分公司为中国石化首家社会责任示范基地。

“十一五”期间，燕山石化主动转变发展方式，探索出一条可持续发展道路。五年间，原油加工量提高38%，万元产值能耗下降44%，水耗下降67%，二氧化硫排放总量下降46%，保持石化共赢区空气质量连续4年好的成绩，为首都碧水蓝天做出了贡献。

生产优质产品是履行社会责任的重要载体，燕山石化坚持“每一滴油都是承诺”的观念，用10年时间走完发达国家20多年的油品升级之路。良好的企业文化是履行社会责任的重要载体。加大人才培养力度，打造高素质、有责任心的团队，积极改善生产、生活环境，加大社区改造力度，打造宜居燕山，共同创造安全体面的工作环境，加强与地方政府合作，加快石化新材料产业基地建设。科学发展从我做起，科学社会共建共享，燕山石化将努力建设安全、清洁、节能、节水、高能高效的产品，为中国石化打造世界一流企业作出新探索，为社会和谐进步做出新贡献。

第五节　责任沟通

对内、对外的责任沟通是企业社会责任推进工作中的重要内容，其目的有二：一是让股东、员工、客户、合作伙伴、政府和社会公众了解企业的社会责任履行情况，增加透明度，消除不必要的责任误解；二是责任沟通也能让企业内外的利益相关方对企业各方面工作进行监督。中央企业最为重视的社会责任沟通工作包括发布 CSR 报告、设立 CSR 专栏以及参与国内外各种社会责任交流等。

一、发布社会责任报告

企业社会责任报告是企业就社会责任相关信息与利益相关方进行沟通的主要平台。中国石化在 2008 年成立了中国石油化工集团公司企业社会责任报告编委会，负责中国石化社会责任报告编写和社会责任工作的管理。

中国石化不断完善社会责任沟通体系，自 2007 年起每年度连续发布股份公司可持续发展报告，在 2008 年集团发布第一版社会责任报告的基础上，2009 年首次发布了社会责任报告英文版，积极向社会发布履行社会责任的工作。

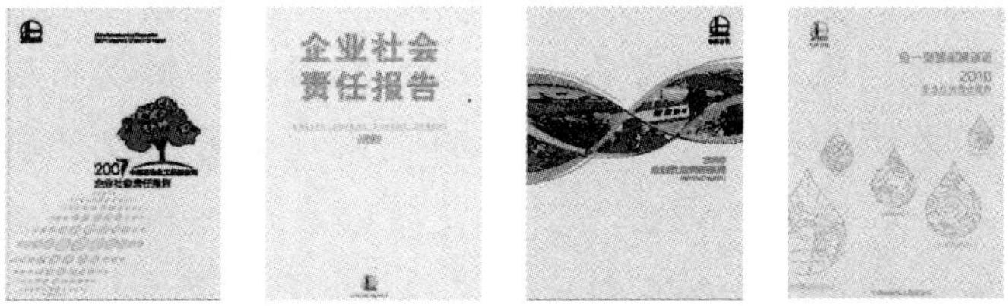

2008 年，中国石化集团公司发布了首份企业社会责任报告；2011 年，出版了第四份社会责任报告

中国石化股份公司从 2007 年开始发布可持续发展报告

图 2-4 中国石化集团公司和中国石化股份公司所发布的企业社会责任报告

“一滴油”的故事

中国石化发起中国企业社会责任报告评级

中国石化集团公司是评级报告的发起企业，中国石化股份公司是首个应用报告评级的企业。2010 年 3 月，中国石化向中国社会科学院经济学部企业社会责任研究中心提出了报告评级的建议。经过详细论证和认真准备，中心邀请国务院国资委、人力资源和社会保障部、国家标准化管理委员会、北京大学、人民大学、上海证券交易所、深圳证券交易所等机构专家，共同组建“中国企业社会责任报告评级专家委员会”，并于 2010 年 4 月 23 日向社会发布了《中国企业社会责任报告评级标准》。目前，“评级报告”先后成功应用于中国石油化工股份有限公司、中国华电集团、中国石油化工集团公司、中国南方电网、鞍钢集团、中国中钢集团、中国华能集团、中国大唐集团、中

国民生银行、马钢集团等大型企业。中国石化推动中国企业社会责任报告评级，对于探索我国的企业社会责任发展路径，丰富我国企业社会责任理论与实践，推动我国企业社会责任的发展做出了重要的历史性贡献。

——中国社会科学院经济学部
企业社会责任研究中心理事长
评级报告专家委员会主席　陈佳贵

《中国石油化工集团公司2010企业社会责任报告》评级报告

中国社会科学院经济学部企业社会责任研究中心受中国石化委托，从中国企业社会责任报告评级专家委员会中抽选专家组成"中国石化集团2010年企业社会责任报告评级小组"。评级小组依据《中国企业社会责任报告编写指南（CASS-CSR 1.0）》相关标准对《中国石油化工集团公司2010企业社会责任报告》（以下简称《报告》）进行评级。

一、评级依据

中国社会科学院经济学部企业社会责任研究中心、WTO经济导刊、中国企业公民委员会联合发布的《中国企业社会责任报告编制指南（CASS-CSR 1.0）》。

二、评级结论

完整性（★★★★）

《报告》系统披露了责任管理、市场责任、社会责任和环境责任等方面的责任实践与绩效，涵盖了各个利益相关方，较好地覆盖了石油与天然气开采业、石油化工业的核心指标。

实质性（★★★★☆）

《报告》披露了能源供应、产品服务质量、安全运营、低碳发展等石油石化行业的关键社会责任议题，呈现了公司在海外履行社会责任的情况，积极回应了利益相关方的关注点。

平衡性（★★★★）

《报告》披露了安全事故和员工死亡数量等的同[illegible]披露河南安阳油气质量事件，阐述了事故原因、应对措施[illegible]，具有较好的平衡性。

可比性（★★★☆）

《报告》对部分关键绩效指标披露了连续3年的数据，具有一定的纵向可比性。

可读性（★★★★）

《报告》主体部分以"每一滴油都是承诺"为主线，从六个方面分别进行了阐述，逻辑清晰、层次结构分明，语言平实，图文并茂，具有较好的可读性。

创新性（★★★★☆）

《报告》围绕"每一滴油都是承诺"的社会责任理念，章节标题紧扣"每一滴油都是承诺"，排版设计充分体现"油滴"，案例以"一滴油的故事"表现，具有很强的创新性。

综合评级（★★★★☆）

经评级小组评价，《中国石油化工集团公司2010企业社会责任报告》为四星半，是一份领先的企业社会责任报告。

三、改进建议

1、增加核心绩效指标的披露，提升报告的完整性；

2、增加关键绩效指标多年度对比数据，增强《报告》的纵向可比性；

3、披露同行业关键绩效数据，改进《报告》的横向可比性。

四、评级小组

组长：中心常务副理事长、国务院国资委研究局局长 彭华岗

成员：中国企业联合会雇主部副主任 程多生

WTO经济导刊副社长 殷格非

商道纵横总经理 郭沛源

中国社科院经济学部企业社会责任研究中心主任 钟宏武

陈佳贵　陈佳贵
中心理事长
全国人大常委
中国社科院学部主席团代主席

彭华岗　彭华岗
评级专家小组组长
中心常务副理事长
国务院国资委研究局局长

中国企业社会责任报告
专家评级委员会
Chinese Expert Committee on CSR Report Rating

《中国石油化工股份有限公司 2010 可持续发展报告》评级报告

中国社会科学院经济学部企业社会责任研究中心受中国石化股份公司委托，从中国企业社会责任报告评级专家委员会中抽选专家组成“中国石化股份公司 2010 年企业社会责任报告评级小组”。评级小组依据《中国企业社会责任报告编写指南（CASS-CSR 1.0）》相关标准对《中国石油化工股份有限公司 2010 可持续发展报告》（以下简称《报告》）进行评级。

一、评级依据

中国社会科学院经济学部企业社会责任研究中心、W TO 经济导刊、中国企业公民委员会联合发布的《中国企业社会责任报告编制指南（CASS-CSR 1.0）》。

二、评级结论

完整性（★★★★）

《报告》系统披露了责任管理、市场责任、社会责任和环境责任等方面的责任实践与绩效，涵盖了各个利益相关方，较好地覆盖了石油与天然气开采业、石油化工业的核心指标。

实质性（★★★★☆）

《报告》披露了能源供应、产品服务质量、安全运营、低碳发展等石油石化行业的关键社会责任议题，积极回应了利益相关方的关注点。

平衡性（★★★★）

《报告》披露了安全事故和员工死亡数量等的同比变化率，特别披露河南安阳油气质量事件，阐述了事故原因、应对措施和改进机制等，具有较好的平衡性。

可比性（★★★☆）

《报告》对部分关键绩效指标披露了连续 3 年的数据，具有一定的纵向可比性。

可读性（★★★★）

《报告》主体部分以“每一滴油都是承诺”为主线，从六个方面分别进行了阐述，逻辑清晰、层次结构分明，语言平实，图文并茂，具有较好的可读性。

创新性（★★★★☆）

《报告》围绕“每一滴油都是承诺”的社会责任理念，章节标题紧扣“每一滴油都是承诺”，排版设计充分体现“油滴”，案例以“一滴油的故事”表现，具有很强的创新性。

综合评级（★★★★

经评级小组评价，《中国石油化工股份有限公司 2010 可持续发展报告》为四星半，是一份领先的企业社会责任报告。

三、改进建议

1、增加核心绩效指标的披露，提升报告的完整性；

2、增加关键绩效指标的年际对比数据，增强《报告》的纵向可比性；

3、披露同行业关键绩效数据，改进《报告》的横向可比性。

四、评级小组

组长：中心常务副理事长、国务院国资委研究局局长 彭华岗

成员：上海证券交易所高级经理 杨金忠

W TO 经济导刊副社长 殷格非

商道纵横总经理 郭沛源

中国社科院经济学部企业社会责任研究中心主任 钟宏武

陈佳贵
中心理事长
全国人大常委
中国社科院学部主席团代主席

彭华岗
评级专家小组组长
中心常务副理事长
国务院国资委研究局局长

中国企业社会责任报告
专家评级委员会

二、社会责任网络专栏

企业官方网站是公众了解企业社会责任理念和实践的主要渠道。企业在官方网站建立社会责任专栏本身就是重视企业社会责任、注重利益相关方沟通的重要体现。中国石化集团公司网站（www.sinopecgroup.com.cn）和股份公司网站（www.sinopec.com.cn）

上的CSR专栏经过近年来不断改进和完善，紧密结合公司发展战略，在加强公司信息披露、增加网站服务功能、传播企业社会责任以及提升石化品牌宣传等各个方面持续创新发展。

“一滴油”的故事

上水平、讲真话的社会责任网络专栏

中国社会科学院经济学部企业社会责任研究中心首先构建了一套企业社会责任专栏的评价体系，从网站可见性、结构完整性、信息动态性、信息互动性、访问友好性、视野国际化等六个反面进行分析和评价，最终形成“中国100强企业官方网站CSR专栏发展指数（2010）”。其中，中国石化分值为67分，名列第四，在国有企业中排名第三，是企业官方CSR专栏的领先者。尤其是在平衡性信息方面，仅有中国石化一家企业CSR专栏披露关于自身的社会责任负面信息，链接报告披露了“千人事故死亡率”、“千人事故重伤率”、“万元产值废水排放量”等指标，具有很好的平衡性。

——中国社会科学院经济学部企业社会责任研究中心

三、内部社会责任沟通

中国石化每年召开年度社会责任工作研讨座谈会。对过去一年的中国石化社会责任工作经验进行总结交流，研讨社会责任工作情况，并部署安排下一步重点工作，是加强管理、培育精品、有效推进公司社会责任工作的内部CSR沟通活动。

“一滴油”的故事

中国石化企业社会责任口号征集活动

为更好地总结、传播中国石化社会责任核心价值理念，中国石化向系统内外征集中国石化企业社会责任口号。

- 2010年2月，中国石化开始向全系统广大干部职工和国内主流媒体征集中国石化企业社会责任口号，在集团公司网站开辟专题网页进行宣传，中国石化报开辟专栏陆续刊登优秀口号，同时，在国务院国资委网站、新浪网等媒体进行转载。
- 2010年3月10日，编审小组共收到系统内60多家单位集体报送口号和个人（包括社会人士）报送口号5000余条。
- 2010年3月11日，中国石化邀请中国社科院专家成立社会责任口号编审小组，对征集的口号进行初审，依据“责任意识明确、贴近民生环境、具备行业特色、结合传统文化”等原则，选出了15个生动简洁的入围口号上报公司党组。
- 2010年4月29日，中国石化党组决定将“每一滴油都是承诺”作为公司社会责任口号。
- 2010年5月31日，中国石化集团公司时任总经理、党组书记苏树林在集团公司深入开展创先争优活动动员部署会议上要求把“每一滴油都是承诺”这个口号作为公司的目标要求和工作标准。
- 2010年8月18日，在中国石化质量工作会议上向全社会宣告“每一滴油都是承诺”成为中国石化的社会责任口号。

四、利益相关方参与

利益相关方是“影响企业目标的实现或受企业目标实现所影响的团体或个人”，所谓利益相关方参与是指企业通过制度安排、资源保障，构建企业与利益相关方之间的沟通、监督机制，以使企业在运营中深入了解并充分考虑利益相关方需求，使利益相关方参与、监督企业决策，促进企业发展与利益相关方满意的双赢。中国石化的利益相关者，包括政府、员工、股东、客户、供应商与承包商、社区及工会、非政府组织和有关机构等。他们的信任和支持是我们持续发展、稳健成长至关重要的条件。我们同各利益相关者积极构建相互支持、互利友好的合作共赢关系，推动实现经济增长、环境保护和社会进步的协调发展。

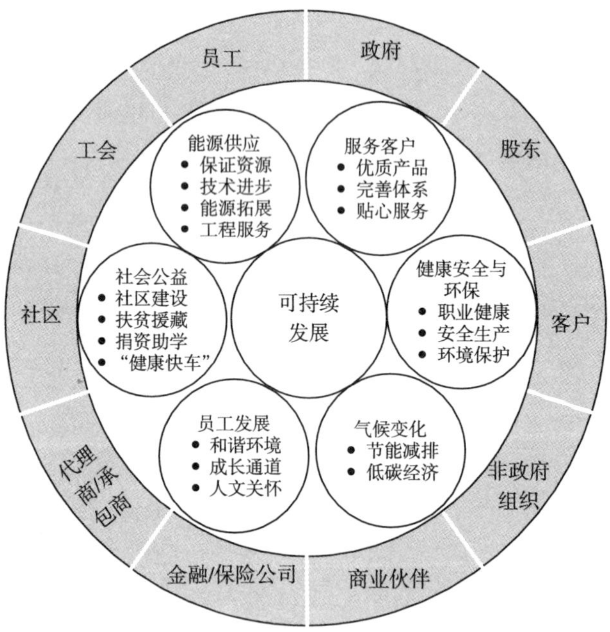

图 2-5 中国石化利益相关方模型

中国石化的生产经营与国民经济、百姓生活息息相关。确保国家能源安全，确保国有资产保值增值，持续稳定地发展企业，为百姓生活的丰富多彩和品质提升提供优质的产品和优良的服务，是中国石化始终如一的努力和追求。中国石化于2011年5月31日正式聘请来自企业外部的高校教授、社会评论员、网络精英、证券分析师、消费者代表等12名社会监督员，并建立了与社会监督员畅通的沟通机制。目的就是为了内力、外力有机结合，更好地改进自身工作，充分体现了中国石化真诚接受社会监督、全心回报社会造福百姓的信心和决心。

中国石化给予社会监督员多项授权：有权反映在监督过程中发现的公司总部、各企事业单位的各种违法违纪和不规范行为；有权收集社会公众、各类组织机构对中国石化各方面的意见和建议；有权及时、准确、客观、公正地向中国石化反映公司工作中和行业内存在的问题，并提出改进意见和建议，同时协助公司调查、核实所反映的问题；有权就事关国计民生的专项课题在公司系统内开展调查研究。

“一滴油”的故事

傅成玉董事长出席联合国全球契约理事会

2011年6月21日，在纽约联合国总部召开了联合国全球契约理事会，中国石化董事长傅成玉先生作为新任理事出席了理事会，并作为商业领袖代表在会议上发表了演讲，呼吁商业界要加强合作，共同努力，解决全球面临的问题和挑战。傅成玉董事长说：“作为理事，我不仅将参加联合国全球契约理事会的各项活动，同时呼吁其他商业界领袖支持联合国全球契约的各项活动，建立强大的区域网络。”他也将带领中国石化采取有效措施在节能减排、提供更多清洁能源和可替代能源以及科技创新等方面不断取得进步，推动区域绿色经济发展，落实联合国全球契约理事会确定的里约 20 年使命。

图 2-6 中国石化集团董事长傅成玉先生（二排左起第五位）出席联合国全球契约理事会

“一滴油”的故事

中国石化召开社会监督员座谈会

2011 年[①] 8 月 15 日，中国石化召开社会监督员座谈会，集团公司董事长、党组书记傅成玉在总部与中国石化聘请的 7 名社会监督员进行座谈交流。集团公司党组成员、副总经理李春光参加座谈。会上，中国石化介绍了公司经营管理有关情况。社会监督员从尽可能公开相关信息、加强与社会公众沟通、适应新媒体发展趋势、拓展传播方式、解答公众关心的问题、加强内部管理、推进内部改革、提升市场竞争能力等方面提出了意见和建议。傅成玉代表公司对社会监督员表示感谢，

① 4 月 25 日，中国石化公布《中国石化关于欢迎社会监督的有关决定》，决定聘请社会监督员。5 月 31 日，中国石化首次聘请了 12 名来自高校、媒体、能源行业、财经界和消费者群的社会各界人士担任社会监督员。

强调中国石化是国有企业，要时刻接受公众监督，并要求公司有关部门认真梳理监督员提出的意见和建议，不断改进工作中的不足，提高服务社会和服务消费者的水平。同时，要定期向社会监督员通报公司运营情况和行业状况，完善双方沟通机制，将监督员机制的作用切实发挥出来，助推企业又好又快发展。

图 2-7　中国石化召开社会监督员座谈会

“一滴油”的故事

责任沟通　走进院校

中国社会科学院研究生院 MBA《企业社会责任》必修课是国内第一个将企业社会责任列为必修课的 MBA 项目，采取院企合作的形式，向学员介绍企业社会责任的理念、理论和实践，以培养世界眼光、本土经验、人文素养、社会责任的商界领袖和企业高级经营管理人才。

2010 年 11 月 12 日，中国石化董事会秘书局主任、集团公司办公厅副主任、新闻发言人黄文生应邀给中国社会科学院研究生院 MBA 必修课《企业社会责任》讲授《中国石化的社会责任》。黄主任概述了中国石化的社会责任理念、管理体系和主要实践，并就社会责任危机管理做了专题讲座。黄主任的授课逻辑清晰、具体生动、互动频繁，得到同学们的一致好评。

图 2-8 中国石化办公厅黄文生先生给中国社会科学院 MBA 学生讲授《中国石化的社会责任》

第六节 责任研究

企业社会责任在中国起步较晚，如何将社会责任理念融入中国企业的发展战略、管理体系和日常运营尚缺乏可供借鉴的经验。基于此，中国石化十分重视开展社会责任研究工作，为社会责任理念的确立、社会责任战略规划的制定、社会责任管理体系的建立健全等提供理论指导。同时，也通过开展责任研究来完善社会责任各项工作、传播企业社会责任理念、为相应社会责任标准的制定做出贡献，使中国石化社会责任推进成为一个持续改进的螺旋上升过程。

“一滴油”的故事

中国石化对中国企业社会责任理论研究工作的贡献

中国石化对于探索我国企业社会责任发展路径，丰富我国企业社会责任理论与实践，推动我国企业社会责任的发展做出了重要的历史性贡献。

——国资委研究局

一、社会责任研究项目

自 2007 年中国石化发布《企业社会责任报告》以来，对企业社会责任开展了许多专项研究工作。

在责任战略研究方面，作为国内主要能源公司，中国石化开展了大量有关保障我国能源安全稳定经济供应的研究课题，主要体现在以下方面：一是对国内外油气资源分布、资源配置、资源合作等多方面开展了研究；二是对能源物流，即能源管网、输送和储备进行了研究；三是对提高能源效率，降低能耗以及发展替代能源等方面开展了研究；四是对如何提高能源产品的质量和技术经济指标等方面开展了研究，对低碳经济和节能减排开展了影响及对策研究。

在责任治理研究方面，中国石化的精细管理使公司各项管理工作都走在行业的前列。中国石化上市 10 年来，不断完善公司治理结构，已经基本建立了现代企业制度，且在与国际市场的融合过程中，不断加强对公司管理的研究，管理水平日益提升。近年来中国石化更加注重风险管理研究工作，特别是内部控制制度已经实现全方位和全过程覆盖。在管理模式上，近年来完成了塑造中国石化特色管理模式的研究工作，当前正在深化和细化有关制度标准化信息化、全员成本管理等工作，使公司治理更加规范，运营效率显著提高。

在责任融合研究方面，中国石化不断加强将社会责任与企业战略和日常经营活动的融合。例如，不断加强对完善应急响应机制的研究，使应急处理和援助体系日臻完善；加强对替代能源和清洁能源的研究，努力实现资源的战略接替；加强对公司生产运营的优化，提高资源效率，提高产品质量，降低资源消耗；加强对员工职业发展的规划研究，加强对企业文化的研究，加强对经营理念的研究，不断提高公司的凝聚力和向心力。

在责任绩效研究方面，在原有绩效考核指标和体系基础上，近年不断加强对国有资产保值增值的研究，开展与国内外先进运营绩效的对比研究工作，不断完善和优化绩效指标，使企业运营更具竞争力。

此外，中国石化还对社会责任管理体系的研究，对国内外大公司的社会责任报告及其社会责任指标体系，以及国内外社会责任相关机构和石油石化行业相关机构中有关社会责任的指标进行了专项研究，并探索建立了中国石化企业社会责任体系模型，为下一步完善中国石化企业社会责任管理体系奠定了一定的基础。

二、与社会责任教研机构合作

同时，中国石化十分重视与国内外研究机构开展合作和交流，并共同推动企业社会责任标准工作。近年来，中国石化积极参与企业社会责任的交流工作，并与国内外企业进行了企业社会责任经验交流。2009 年，中国石化与中国社会科学院企业社会责任研究中心建立了企业社会责任研究基地，并在作为国内首家采用中国企业社会责任评价体系的公司，有力地推动了国内企业社会责任评价体系的进展。

"一滴油"的故事

中国企业社会责任研究基地

2010 年中国石化与中国社会科学院经济学部共同建立的"中国企业社会责任研究基地"，成为中国第一批院企合作的企业社会责任研究基地。研究基地以"服务基地企业、引领所属行业、推动中国 CSR"为宗旨，服务基地企业社会责任工作，研究行业重大社会责任议题，推动中国企业社会责任发展。研究基地积极参加并指导企业社会责任工作，中国石化相关同志也到中国社会科学院 MBA 班就中国石化的社会责任议题进行了沟通与交流，取得了良好的效果。

三、社会责任研究规划

未来，中国石化计划全面系统地开展企业社会责任的研究工作，主要包括以下五个方面：

第一，开展中国石化企业社会责任规划研究。重点研究中国石化未来 5 年企业社会责任发展目标、原则及措施。

第二，开展中国石化企业社会责任的融合研究。即将企业社会责任发展的目标与公司的战略目标和日常运营管理工作有机融合。

第三，开展中国石化企业社会责任管理体系研究。在现有管理体系的基础上，研究如何更好地管理社会责任工作，构建管理组织架构以及运作机制，完善相关社会责任管理制度，等等。

第四，开展中国石化企业社会责任指标体系和考核体系研究。逐步建立和完善具有中国石化特色的社会责任指标体系以及考核体系，并加强对中国石化及其下属企业的社会责任现状诊断和评价，提出相关改进建议等。

第五，开展专题实践研究。如利益相关方调查及改进研究、社会责任风险管理、企业供应链责任管理、下属企业社会责任试点、完善 CSR 网络专栏、加强内部 CSR 沟通以及慈善公益活动等研究。

第三章　每一滴油都是承诺：产生

一滴油，大家也许觉得微不足道。但千万别小看这一滴油，它可是经历了几百万年甚至上亿年的演化，才从最初的生物质变成原油的。原油再经过极其复杂的勘探开采和炼化工序，才能变成和我们吃穿住行密切相关的石化产品……事实上，石油跟我们的衣食住行密不可分，看看这些令人惊奇的数字吧：

人一生要“穿”掉 290 千克石油；

人一生要“吃”掉 551 千克石油；

人一生要“住”掉 3780 千克石油；

人一生要“行”掉 3838 千克石油。

当我们开着汽车尽情地享受明媚的阳光，淡淡的花香，享受丰富多样的石化产品，过着健康愉悦的生活时，可曾想过一滴油是如何产生的？

这里的“一滴油”可以是一滴原油、一立方米天然气、一滴炼厂装置中的油、一滴作为化工原料的油，也可以指加油站出售的每一滴油。这里的“一滴油”不仅仅是指有形的产品，还包括无形的服务。

“一滴油”的产生一般要经过“采”、“炼”、“行”三个阶段。

通过“采”，即通过勘探开采，把地下的“一滴油”变为地上的“一滴油”；

通过“炼”，即通过炼油及化工，把普通的“一滴油”变为丰富多样的“一滴油”；

通过“行”，即通过销售服务，把丰富多样的“一滴油”变成创造精彩生活的"一滴油"。

中国石化是上下游一体化、内外贸一体化、产销一体化的跨国能源化工企业集团，提供了包括油品、天然气及数千个品种和牌号的石化产品。创造多样产品、让生活更精彩是中国石化"一滴油"服务于大众的最终目的，而要做到这些，就要在整个"一滴油"的产生过程中做到"采之有度、炼之有术、行之有道"。

"采之有度"反映了在油气资源的开发过程中，中国石化注重油气资源的供给保障、油气资源开发与生态环境保护、资源节约与可持续利用等。

"炼之有术"反映了在油品炼制过程中，中国石化注重油品炼制技术，不断提高油品炼制过程中的技术含量，不断挑战油品炼制难题，增强自身油气炼制的能力，不断生产出更加绿色环保的油品。

"行之有道"反映了在油品和化工产品销售和各项服务过程中，中国石化注重保护消费者权益，关心客户需求，以优质的服务积极回应客户对中国石化的愿望和期待。

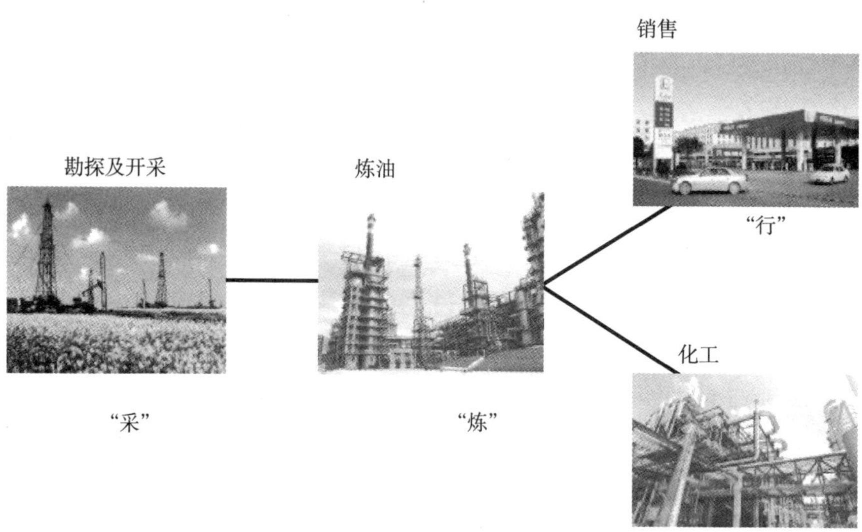

图 3-1　中国石化一体化业务示意图

第一节　采之有度

你知道原油有多少种颜色吗？原油的颜色丰富多彩，有红色、金黄色、墨绿色、黑色、褐红色，甚至还有透明的。原油的颜色与它本身所含胶质、沥青质的多少密切相关，含量越高，颜色越深。但原油的颜色越浅，油质越好，透明的原油（凝析油）甚至可以直接加在汽车油箱中代替汽油。

你知道原油从地下被开采上来后是什么形态吗？有些原油呈现的是一种棕黑色的黏稠液体，有些原油呈现的是水和油混合的状态。原油是一种形态和内容都很复杂的东西，每个地区产出的原油都会呈现不同的颜色、形态和成分。

通过“采”，把地下的“一滴油”变为地上的“一滴油”。在这个过程中，首先要想办法找到油气资源在哪里，分析判断有多大的储量，想办法把不同类型的原油从地下开采到地面上来。

“一滴油”的故事

石油是如何从地下开采出来的？

我们如何才能找到地下的石油，并把它们从地下开采出来呢？这是一个十分复杂的过程。

在石油化工行业，石油的勘探、开发、开采、集输属于上游产业，这是一项包含地下、地上等多种工艺的系统工程。主要包括地质、勘探、钻井、测井、油气开采、油气集输和处理、储运以及辅助配套工程，如供排水、供电、供热、自动控制等。工艺流程见图 3–2。

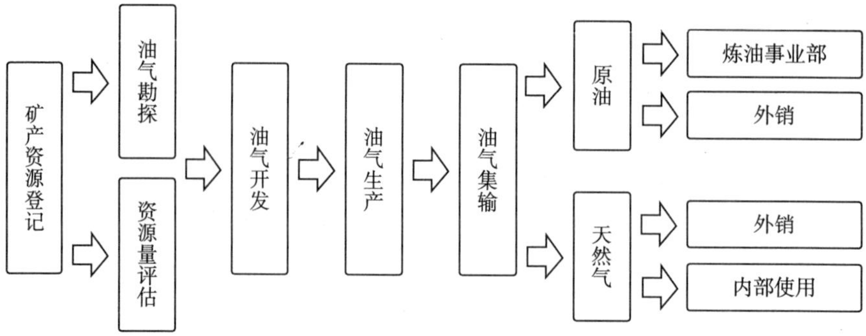

图 3–2 “采”一滴油的工艺流程简图

我们研究一个地区有没有石油，首先要研究这个地区的地质背景，研究这个地区在哪个时代发育了生油岩，这些生油岩的保存环境是不是有利，有没有有利的储层和盖层。

在这些基础的地质条件满足以后，我们就要找石油聚集的地方，也就是石油在地下的家。我们通过地震等手段，来看地下几千米的构造发育情况，看看有没有适合石油聚集的空间，然后才能钻井把地下的石油开采出来。

经过很多年的实践，我们用比岩石还要硬的钻头钻破坚硬的岩石，到达原油聚集的地方。由于原油距离地面的距离差别很大，有的只有几百米，有的几千米甚至上万米，所以钻井过程一般需要几天、几十天到几百天不等的时间。然后像打农村灌溉用的井一样，将钢管下到打好的井中，和井壁固定，我们称之为固井。然后再往套管中下油管，让原油通过油管上升到地面。

由于地层中的压力平衡被打破，原油开始被挤向压力低的井筒。但是，随着原油的减少，地层中的压力也在下降，推动原油流动的能量也在降低，这样有一部分石油就不能流动到井筒里。为了能采出更多的原油，我们尝试使用许多种办法。

我们在距离油井适当的距离（一般距离油井几百米）钻注水井，向储集原油的储层中注水，利用水来驱动储层中那部分不能流动的原油。但是我们知道，地面上的水远不如油有黏性，地层中也如此，地层中的水要比油更容易流动，有时从注水井向地层中注入很多的水，但是油井这边很快就开始产水，原油依然没有跑到地面来。遇到这种情况，我们就人为干预注水效果，有时采用比较温和的手段，也就是降低每天的注入水量，这样做的目的就是防止油层中的细小的微裂缝张开造成水的快速流动，使水驱动油的效率降低；有时向更容易流动的地层中注入一种化学制剂，这种制剂能降低水在这部分地层的流动能力，这样才能使这部分水被憋到其他的地方去驱动流动能力差的地层中的原油，增加水驱动油的面积，我们称之为调剖堵水。

有时为了增加地层的流动能力，使原油更容易流向井筒，我们会使用人工水力压裂的方法，在地面用高压大排量的泵，将具有一定黏度的液体以大于油层所能吸收的能力向油层注入，由于地层不能吸收这些液体，造成井筒附近的压力升高，当压力增高到一定程度，油层不堪重负，就会形成一条或几条水平的或是垂直的裂缝。当裂缝形成以后，随着液体的不断注入，裂缝还会不断地延伸和扩展，同时，为了保持裂缝处于张开的状态，我们用随压裂液注入的具有较高强度的固体颗粒做支撑剂来支撑裂缝。这些裂缝就像原油通向井筒的康庄大道，大大降低了原油由地层流向井筒的阻力。当然，有时地层中会有一部分岩石由于性质不稳定，会和进行压裂的液体发生反应，生成的物质堵塞原油的通道。另外，也会有一部分油层的渗透率虽然很低，但储层岩石的一部分容易和某些液体反应。

遇到这些情况，我们可以向地层中注入相应的容易溶解这些堵塞物和储层部分岩石的液体，以提高通道的畅通性。

油层的状况错综复杂，原油向井筒的流动总是困难重重，有时由于砂岩储层比较疏松，原油在流向井筒的过程中，岩石中会有一部分沙粒脱落跟随原油流动。不要小看这部分沙粒的破坏力，它对井筒的破坏力远远超过我们的想象，由于它的存在，原油经常到了井筒而由于油泵被卡而无法被运送到地面，生产效率很低。鉴于这种情况，人们又发明了防砂筛管，利用这种筛管，可以很好地在井底实现油砂分离，油能流畅无阻地进入井筒。当然，这种筛管也存在容易被砂堵塞的情况，必要时也要进行检修。此外，人们还发明了化学防砂等方法，虽然地层出砂问题目前还没得到根治，但油层出砂带来的危害却已经被大大降低了。

一、补长“短板”　保障供应

埃克森公司原董事长霍夫曼曾说过一句话：“我现在最关心的是原油的供应，如果石油资源不能得到保障，其他都会失去价值，炼油、化工产品、效益等都谈不上。”这给中国石油化工总公司原总经理陈锦华同志留下了深刻印象，并在《国事忆述》一书中重点记载下来。中国石化的成立和发展都是为了保障国家能源供应，而在这其中，保障上游资源是最基本的前提。

1. 将贫油国的帽子甩进太平洋

新中国成立初期，“中国贫油论”一度甚嚣尘上。新中国地质部部长李四光走进中南海，向毛主席、周总理报告：中国有着良好的生油和储油条件，中国的陆地一定能找到石油。而随着大庆油田、胜利油田等几大油田的相继开发，中国将贫油国的帽子甩进太平洋，基本实现了原油自给。

1978 年，中国原油产量突破 1 亿吨，比 1963 年大庆油田投产时的 643 万吨几乎翻了 4 番。与此同时，中国拉开了改革开放的序幕，国民经济发展步伐加快，各行各业对石油资源的需求大幅增加。

到 1993 年，随着国民经济的高速发展，石油供需缺口日益拉大，中国再次成为石油净进口国，油气资源供应短缺成为制约国民经济发展的“瓶颈”。

1998 年，在改革开放的浪潮中，我国石油行业进行了大重组，上、下游一体化的中国石油化工集团公司应运而生。

2. 垦土拓荒扩大油气版图

中国石油化工集团公司成立之前的状态是：过去的中国石油化工总公司主营中下游的炼油和化工，过去的中国石油天然气总公司主营上游的油田。

为了通过相互竞争推动石油化工事业的发展，国务院成立了两大集团公司。北京以南的东部、南部地区的企业划归中国石油化工集团公司，北京以北的东北、华北的大部分地区的企业，以及西北、西南的部分地区的企业划归中国石油天然气集团公司。

然而，中国石化上游业务起步时只能以“小、弱、慢”来形容：勘探开发领域小，局限于东部 5 个老油田和滇黔桂油田，矿权面积仅有 6.3 万平方公里；资源基础薄弱，仅有石油远景资源量 164.8 亿吨，天然气远景资源量 6.638 万亿立方米，油田大多步入递减期，储采比濒临危险边缘，原油稳产形势严峻；正逢国际油价低迷时期，油田企业成本压力大，发展缓慢。

“谁掌握资源，谁就掌握了生产经营的主动权，掌握了发展和提高经济效益的主动权”，中国石化果断作出“把资源战略摆在公司发展战略第一位置”的决策。

2000 年 6 月，中国石化以“立足大盆地，寻求大发现，实现大发展”勘探思路，在全国范围内优选登记了一批油气勘查区块。

2000年底，新星公司并入中国石化。中国石化上游实力大为增强，迎来了历史性发展机遇。

2001年，中国石化提出“稳定东部，加快西部，准备南方，开拓海外”的资源发展战略。

2005年，中国石化将上游发展战略中的“准备南方”调整为“发展南方”。

2006年，中国石化宣布，在川东北发现了国内规模最大、丰度最高的特大型整装海相气田——普光气田。中国几代地质学家、石油工作者在海相找到大油气田的梦想得以实现。普光气田被公认为中国海相勘探的一个重大突破，是石油工业二次创业征程中一个巨大成果，为中国石化天然气大发展奠定了基础。

3. 补长上游“短板”

面对国际、国内石油和石油化工业的严峻挑战，中国石化最大的压力就是石油、天然气资源的紧缺。因此在抓好炼油化工发展的同时，更加重视和突出上游的油气资源勘探开发。

油气资源就是石油化工企业的上游，谁能拥有油气资源，谁就在竞争中占有优势地位。这一点在历史发展进程中不断地被证实。

由于中国石化的业务优势在下游的石油炼化和加工，原油和天然气业务的比重只占主营收入的11%左右，所需的原油70%~80%依赖进口和外购，因此造成中国石化的炼化业务对国际原油价格的敏感度高。

中国石化按照“扬长补短”的战略原则，提出了尽快把“短板”补长的战略方向，加强上游板块的实力成为中国石化的发展方向。面对复杂的原油市场，中国石化只有继续大力发展上游板块，提高自身资源控制优势，才能在竞争中变得更加从容和自信。

“一滴油”的故事

中国石化补长上游“短板”取得的进展

目前，中国石化在补长上游“短板”方面已经取得了一些进展：

——在东部陆相盆地，中国石化坚持富油凹陷精细勘探，在“断坡控砂、复式输导、相势控藏”等为核心的隐蔽油气藏成藏理论指导下，进入以隐蔽油气藏勘探为主的新阶段，实现了石油储量的稳步增长。

——在西部，中国石化以塔河油田为重点，加大叠合盆地纵深勘探力度，塔河油田储量一年上一个台阶，将中国石化“发展西部”战略推向“加快西部”高度。

——在南方海相接替区域，中国石化成功解决了碳酸盐岩礁滩相储层的识别和预测技术难题，2002 年、2003 年毛坝 1 井和普光 1 井相继获高产气流，川东北天然气勘探的大场面崭露头角，为中国石化天然气大发展奠定了基础。

——在海外，中国石化的国际化经营和对外合资合作稳步发展，在安哥拉、俄罗斯、哈萨克斯坦等国家获得了一批油气勘探开发项目，对外合资合作内涵不断提高，逐步实现了从注重量到注重质的转变。

二、油气并举　增强能力

中国石化在补长上游“短板”中，除了要稳步提高原油产量外，一方面要促进天然气大发展，另一方面要大力发展非常规油气资源。

1. 天然气大发展

一个年产天然气超百亿立方米的酸性气田，一座年处理能力120亿立方米的天然气净化厂，一条横贯东西8个省市的绿色能源通道，一个造福千家万户、惠及国计民生的大工程——川气东送工程，在国家“十一五”经济发展进程中，留下了浓墨重彩的一笔。

川气东送工程实现年输送120亿立方米净化气后，相当于每年提供约1457.16万吨标准煤的清洁能源，可减少二氧化碳排放1696.64万吨，减少二氧化硫等有害物质排放79.82万吨。管道沿线城市清洁能源一次消费结构比例可由3.27%提高到4.23%，对沿线生态环境将起到明显的改善作用。

实际上，我国多年来一直延续的是以石油为主的勘探理念，天然气一直被作为石油勘探的附带产品。直到“十一五”期间，油气并重、油气并举的新思维、新理念才被越来越广泛地应用到油气勘探开发的实践之中，并上升到战略高度，不断开创天然气勘探开发的新天地。“东部硬稳定、西部快上产、天然气大发展”，油气并举增强资源支撑力，中国石化上游“短板”在逐渐变长。

2. 非常规油气资源的发展

为了改善我国能源结构、发展新能源和替代能源，中国石化在油气发展战略中将发展非常规油气资源作为补长上游“短板”的重要组成部分，并提出了中长期远景发展目标。

目前已经形成以华东分公司非常规资源实验中心和石油勘探开发研究院无锡石油地质研究所实验中心为主，江汉油田分公司研究院实验室、江苏油田研究院实验室为补充的中国石化非常规资源测试、分析、实验、模拟体系。这标志着中国石化上游产业进入了一个宽领域、多类型的油气勘探开发新阶段。

此外，中国石化还成功收购了康菲公司所持加拿大油砂Syncrude项目股份，新增权益油年产量130万~160万吨，不仅使中国石化获得了优质的油砂资产，也使我们在非常规油气资源领域迈出了一大步，对中国石化了解和掌握世界最先进的油砂勘探、开采、改质技术，增强非常规油气资源领域的国际合作均具有重要的现实意义。

“一滴油”的故事

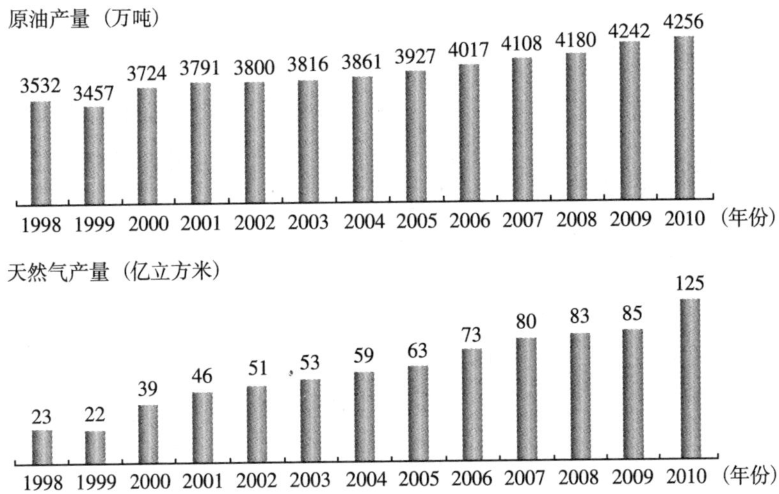

图 3–3　中国石化原油和天然气产量

三、陆相海相　缔造奇迹

“拿到更多资源、生产更好产品、提供更优服务、创造更好效益”是中国石化开展科技攻关的不懈动力。中国石油上游业务以科技为利剑，突破关键技术“瓶颈”，擒“油龙”、降“气虎”，不断打开新局面。

1. 胜利油田的奇迹——隐蔽油气藏勘探技术的深入发展

“问渠哪得清如许，为有源头活水来。”勘探实践证明：地质理论的不断创新是油田持续稳定发展的不竭源泉。

油气是一种不可再生的资源，其开发过程就是油气资源走向枯竭的过程，这是谁都无法抗拒的自然规律，但可以依靠理论创新和技术进步减缓这一过程。

新中国成立初期，一些外国专家断言：在渤海湾地区找油“恰恰是最没有前途的”。这种悲观的“华北无油论”对于刚刚起步的新中国石油工业来说，无疑是一个沉重的打击。然而，我国石油科技工作者坚信在这广袤的土地下面一定能够找到石油，经过艰难的研究探索，纠正了“近代火山岩浆活动破坏了东部油气”的观点，在“背斜找油”理论的指导下，1961 年在东营凹陷钻探的华 8 井、1962 年钻的营 2 井发现沙三段高产，1964 年发现胜坨油田，奠定了胜利油田的基础。

此后，在“背斜”理论指导下全面展开勘探，相继发现了东辛、胜坨、孤岛等 40 个新油田，累计探明石油地质储量 1066628 万吨，成为胜利油田发展史上第一个大发展时期。

随着勘探的不断深入，胜利油田出现了“忽油忽水、忽稠忽稀、忽深忽浅、忽轻忽重、忽有忽无”的“五忽”现象。事实上，经过十几年的勘探，易于发现的大中型油田大都被发现，背斜理论逐渐失去了用武之地，油田勘探亟须探索新的勘探理论。

客观地说，经过近 50 年的勘探开发，大的、易于发现的构造基本寻找完了，剩余的大多是不易寻找的，地质专家称之为“隐蔽油气藏”。胜利油田勘探潜力的增长点在于隐蔽性油气藏，隐蔽油气藏成为今后勘探的主要目标。但由于其复杂性和隐蔽性，决定了其勘探难度越来越大。复杂隐蔽油气藏勘探理论研究创新成果的取得推动了胜利油田勘探事业的蓬勃发展，对于老区精细勘探乃至强化新区勘探都有着极为重要的指导意义。

在勘探开发形势日益严峻的情况下，胜利油田年新增探明石油地质储量已连续 28 年保持 1 亿吨以上，资源接替已连续 7 年实现储采平衡，原油产量已连续 5 年稳中有增，保持在 2700 万吨以上，创造了世界相同类型老油田勘探领域的奇迹！

“十一五”期间，胜利油田新增探明石油地质储量 51557 万吨，新增探明天然气地质储量 20 亿立方米；新增动用石油地质储量 49404 万吨，新增动用天然气地质储量 20 亿立方米；新增石油可采储量 15562 万吨，新增天然气可采储量 3.4 亿立方米；原油产量 13803 万吨，天然气产量 36 亿立方米；新建原油生产能力 1577 万吨；完成总收入 6193.4 亿元，比“十五”期间增加 2898 亿元；实现利润总额 1667.9 亿元，比“十五”期间增加 728 亿元。

截至 2010 年底，胜利油田（不含西部探区）已获取勘探面积 6.6 万平方公里，石油资源量 117 亿吨。经过近 50 年勘探开发建设，累计探明石油地质储量 49.33 亿吨，可采储量 12.83 亿吨。探明天然气地质储量 2390.82 亿立方米，可采储量 754.41 亿立方米。累计生产原油 9.63 亿吨，生产天然气 533 亿立方米。

2. 塔河油田——中国石化原油生产的主力

在陆相生油理论指导下，我国油气行业开始了“第一次创业”，相继发现大庆、胜利等大油田。而在 450 万平方公里的海相地层，一直没有大的油气发现。自 20 世纪 50 年代，几代地质工作者开始了海相油气地质勘探历程。

新疆塔里木盆地面积 56 万平方公里，为我国最大的内陆盆地，也是我国剩余油气资源量最大和海相油气资源最丰富的盆地。塔里木盆地承载着一代代石油人的希望与梦想。塔里木石油勘探开发被认为是人类征服“死亡之海”的空前壮举，在塔里木盆地北缘库车县境内，沙参 2 井纪念碑格外引人注目。1984 年 9 月 22 日，在沙雅隆起构造上的沙参 2 井获得具有战略意义的重大油气突破。自此，揭开了在塔里木盆地找大油气田的序幕，成为我国油气勘探史上的重要里程碑。

1997 年，随着沙 46 井、沙 48 井先后获高产工业油气流，西北油田分公司发现了我国第一个古生界海相碳酸盐岩大油田——塔河油田，结束了我国海相古生界没有大油田的历史，从此迎来了塔里木盆地油气大会战的新场面。塔河油田原油产量从 1997 年的 39 万吨跃升至 2003 年的 300 万吨。

塔河油田是我国最大的古生界海相碳酸盐岩缝洞型油田，具有超深、超稠、高温、高盐、高含硫化氢等特点。由于成藏条件复杂，94%以上的油藏深度超过 5400 米，缝洞储集体识别预测难度大，成藏规律和油气水关系复杂，塔河油田勘探开发迄今仍是世界级难题。面对勘探难题，科研人员奋力攻关，探索形成了古生界碳酸盐岩海相石油地质理论，带来了一个又一个勘探重大突破，攻克了一个又一个开发技术难关。

进入“十一五”，作为中国石化第二大油田和能源战略接替区，西北油田分公司肩负着“西部快上产”的重托，迎来了历史上增长最快、发展最好的时期。塔河油田从一个不被关注的小油田，跨入了我国陆上十大油田之列。资源基础不断夯实，探明石油地质储量由 2005 年的 6.02 亿吨增长到 2010 年的 12.86 亿吨，累计增加 6.84 亿吨，年均增长 1.37 亿吨，发现并探明了 10 亿吨级的塔河特大型油田。油田开发实现了快速上产，原油产量由 2005 年的 420 万吨跃升至 2010 年的 700 万吨，年均增油达 56 万吨，占中国石化上游年增产幅度的 80%，天然气由 2005 年的 3.6 亿方增长到 2010 年的 14.5 亿立方米，增长了 4 倍。5 年来累计生产原油 2968 万吨、天然气52.69 亿立方米。

2010 年，西北油田分公司塔河奥陶系碳酸盐岩特大型油气田勘探与开发项目获得了国家科技进步一等奖。

“一滴油”的故事

海相生油与陆相生油

所谓海相和陆相，指的是岩石形成的沉积环境，即“沉积相”。任何一块沉积形成的岩石都凝聚了大量的生物信息，沉积相则展现了在一定沉积环境下沉积岩（沉积物）的综合特征，包括了海、陆、湖沼等自然地理特征和隆起、凹陷等构造特征。“海相”，就是海洋环境中形成的沉积相的总称。“陆相”则是陆地的自然地理环境下的沉积相的总称。

国外油气主要在海相地层中发现，而中国油气主要在陆相地层中找到，根本原因在于地层形成顺序两者相反，前者浅层以海相为主，后者浅层则以陆相为主，大量油气是通过壳深断裂从深部垂直向上运移所形成，储集于浅部的首先被勘探开发。

陆相生油理论是我国地质学家在20世纪30~40年代提出的石油地质理论，由潘钟祥、孙健初、王尚文、田在艺等根据陕甘、四川等盆地的实际资料提出。他们认为，石油不仅来自海相地层，而且也来自淡水沉积物。这一理论指导了中国东部地区的石油勘探。20世纪50年代末，大庆油田的发现进一步证明：在陆相沉积地层中不仅可以生成石油，而且可以生成大量石油。大庆是世界上第一个在陆相盆地中找到的特大油田。大庆油田的勘探和开发，终于使中国脱掉了“贫油”这顶帽子，向世界证明了又一个石油大国的存在。

然而统领中国石油地质界50年的“陆相生油”，现在也在随着科技进步不断发展。从地质学角度讲，“陆相生油”之所以在中国有这么大的实践性，是和中国复杂的地质条件分不开的。在中国内陆有不少湖泊，由于湖盆小，各种方向来的沉积多，因此造成多种沉积和复杂情况。在陆相下面，中国的确也有一套海相地层，存在于陆相地层的下面。中国的海相地层主要存在于南方地区，如四川等地的海相地质非常复杂。

陆相生油和海相生油两套理论互相补充，为中国的石油勘探做出了理论指导贡献。

3. 普光气田的发现——海相礁滩相勘探技术的不断创新

2000 年 8 月，中国科学院院士刘光鼎向国务院提交了《关于中国油气资源二次创业的建议》，时任国务院副总理的温家宝批示："要重视油气资源战略勘查工作，争取在前新生代海相碳酸盐地层中有新的突破。"

围绕"二次创业"，中国石化大力实施以"稳定东部、发展西部、准备南方、开拓海外"为主要内容的油气资源战略，全面加大油气勘探开发力度，特别是对理论和技术工艺尚不够成熟的海相地层更是精心组织勘探。

自 2001 年起，中国石化开始在四川宣汉县普光镇一带进行天然气勘探。2002 年末该地区获得商业发现后，中国石化加大了科技创新和勘探投入力度，通过深入开展基础研究，创新勘探理论，创新山地地震勘探技术和井筒技术，创新海相碳酸盐岩储层预测手段，构建了适合该地区实际的油气评价方法体系，从而获得了全新认识，并实现了勘探思路从钻探构造气藏向钻探构造—岩性气藏的重大转变。在这一正确思路的指导下，中国石化运用新的勘探理论和技术，低成本、高效率地发现了探明储量超 2000 亿立方米的普光特大整装气田。普光气田的发现，对中国石化资源发展战略具有重大意义，为中国石化天然气业务的大发展奠定了基础。

普光气田是中国石化在川东北地区发现了迄今为止中国规模最

大、丰度最高的特大型整装海相气田。经国土资源部矿产资源储量评审中心审定，于2005年末普光气田累计探明可采储量为2510.75亿立方米，技术可采储量为1883.04亿立方米。普光气田也是中国目前发现最大的五个2000亿立方米以上的大气田之一。

普光气田的发现得益于海相勘探理论、勘探思路、勘探技术和管理模式的创新，实现了中国海相勘探理论和实践的重大突破，扩大了中国石化在天然气方面的勘探领域。中国石化已经制定了以南方海相为重点的战略勘探布局，加快在四川盆地及其周缘地区的勘探，寻求更大的发展和突破。

2007年，“海相深层碳酸盐岩天然气成藏机理、勘探技术与普光气田的发现”获国家科技进步一等奖。

“一滴油”的故事

四工程院士点评普光气田的勘探工作

中国石化的地质工作者不畏现实困难，完成了重大科研课题《海相深层碳酸盐岩天然气成藏机理》和《勘探技术与普光气田的发现》。通过理论创新、技术创新和勘探实践，破解了中国海相油气勘探这一世界级难题，发现了特大型整装海相气田。这是中国海相勘探理论和实践的重大突破，极大地扩展了中国油气的勘探领域。

——中科院院士　刘光鼎

普光地区目的层平均深度5500米，这个深度天然气勘探在国内外是罕见的。石油地质理论一般认为，埋藏深度到3500米从理论上来说储集层致密程度加大，国外文献把它作为死亡线。在党组的支持下，中国石化团队扎实地在前人工作的基础上不畏艰险，开展大量基础研究，从理论上建立自己的模式，实际通过后期勘探，现在最深的目的层在元坝地区将近7000米。这些成果在国内外交流得到大家的认可，引起震撼。

——中国工程院院士　马永生

中国石化在这么复杂的一个地质、地形及人文环境下能形成现在的局面确实来之不易，也充分说明四川盆地油气资源非常丰富。希望今后：

（1）地震探测工作进一步加深、加透，开展精细描述工作，落实构造、储层，发挥地震技术在勘探中的优势；

（2）酸化压裂不一定都要大排量，只要达到沟通储层与裂缝的作用就可以了；

（3）深井要发挥多套含油层系的组合优势，充分利用测井、录井手段，实现新层位的突破。

——中国工程院院士　翟光明

中国石化的同志做了两个开创性的事：一是勘探思路由寻找构造气藏到构造岩性气藏的转变，这是一个划时代的变化；二是6000米以下的深层敢于去勘探。

——中国工程院院士　邱中健

第二节　炼之有术

从地下开采出来的石油，如不进行加工，只能当成像煤一样的燃料烧掉，那就实在太可惜了。人们在不断的实践、探索和创新中，开发出了一系列加工石油的方法，把稀缺的石油转化为各种高价值产品。这些高附加值的产品使得人类的衣食住行80%都与石油以及石化产品有了关联。

“衣”，我们穿的衣服有很多是由合成纤维制成的，如涤纶、锦纶、腈纶等，这些衣服恰恰是石油化工的衍生品。

“食”，当然我们不可能直接吃石油，但我们日常食用的粮食、蔬菜，其生产过程常常使用化肥、农药，化肥让粮食增产 30%，农药可以使农业经济效益提高 6 倍，而化肥和农药都是石化产品。另外，食品中的添加剂，其中一些也可用石油制取。

“住”，我们可以反过来思考，有哪些商品不是用石化产品生产的？油漆、涂料、窗帘、电器等都离不开石化产品。电器里有许多塑料，塑料就是合成树脂加入添加剂生产的材料，电器里还有电线，电线外面那层绝缘体也是塑料。

“行”，更是离不开石油，汽油、煤油、柴油这些燃料油为交通工具提供着动力。石油对交通的贡献率达 70%。

因此，通过“炼”，把一滴原油尽量做到“吃干榨净”，实现生产过程是绿色的、生产的产品也是绿色的！通过“炼”，把普通的“一滴油”变为丰富多样的“一滴油”。

“一滴油”的故事

温度决定“身份”？——谈谈炼油中的“馏分”

原油是一个多组分的混合物。石油炼制的基本手段之一，就是利用各组分的不同沸点，通过加热蒸馏，将原油“切割”成若干“馏分”。馏分只是在沸点范围上类似，还不是石油产品，需要进一步加工才能成为满足规格要求的石油产品。

炼油的基本工艺流程见图 3–4。

沸点	馏分
小于 180℃或者 200℃	汽油馏分（也称轻油或石油馏分）
200~350℃	煤柴油馏分可常压瓦斯油
350~500℃	润滑油馏分或称减压瓦斯油
大于 500℃	减压渣油

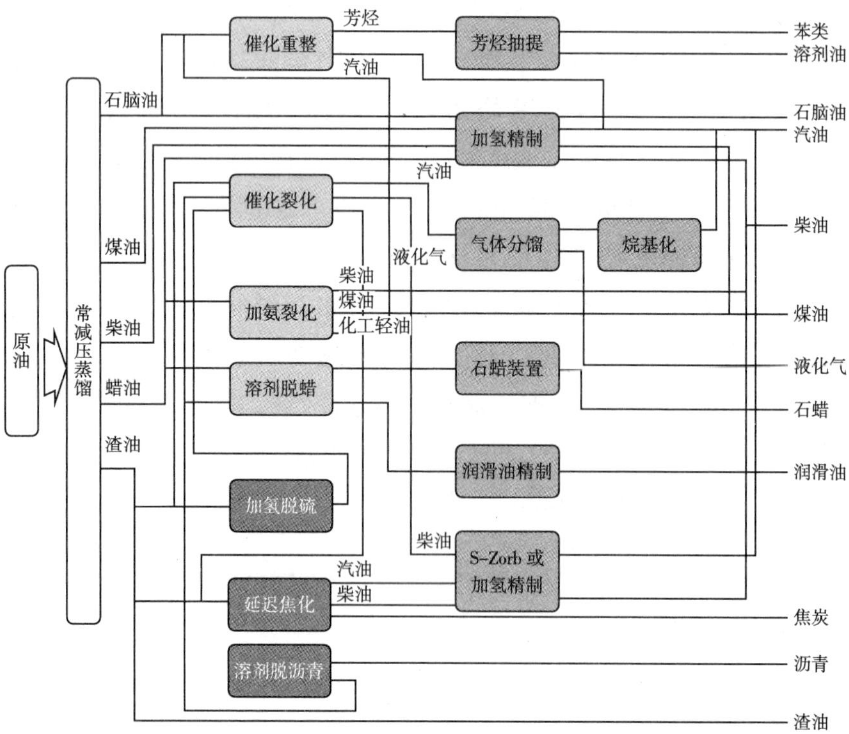

图 3-4 炼油的工艺流程

“一滴油”的故事

“五朵金花”，享誉石油石化

在中国的石油化工领域，谈起炼油科学技术，不能不提到“五朵金花”。

20世纪60年代初，国际政治风云变幻，国民经济举步维艰。大庆油田开发后，虽然原油产量突飞猛进，但我国当时的炼油技术落后，相当于国际二三十年代的水平，如果不迅速开发炼油新工艺，我国炼油工业将无法适应国民经济的建设和国防建设的迫切需要。

1962年10月，石油部在北京香山召开炼油科研工作会议。这次会上确定了石油部要集中各方面的技术力量，独立自主地开发炼油新工艺、新技术，主要是：流化催化裂化、催化重整、延迟焦化、尿素脱蜡以及有关的催化剂和添加剂等五个方面的工艺技术。当时大家刚看完电影《五朵金花》，那部影片讲述的是五位聪明美丽的白族姑娘，名字都叫“金花”，很受人们喜爱。于是大家把要开发的这五项炼油工业新技术，形象地称为“五朵金花”。从此，“五朵金花”在我国炼油行业叫响了。后来，“金花”逐渐延伸，成为石油化工业内重大新技术的一个代名词。

千方百计、争分夺秒。“五朵金花”炼油新技术先后开发成功，并实现了工业化，曾被称为“小茶壶式”的落后的炼油技术，实现了重大跨越，很快接近了当时的世界水平，炼油能力快速提升，是新中国成立初期的100多倍，石油产品品种达到400多种，汽油、煤油、柴油、润滑油等四大类产品自给率逐步达到100%。

1963年12月3日，周恩来总理在二届人大四次会议上，庄严地向全世界宣布：中国人民使用“洋油”的时代，即将一去不复返了。“五朵金花”的开发，使中国“无炼油工业”的历史彻底终结。中国人真正扬眉吐气了。

“五朵金花”后来被列为国家级成果，并于1978年获得全国科学大会奖。“五朵金花”发展到今天，有4朵依然还是炼油工业的核心技术，在推动中国石化工业技术进步中，起到了十分重要的作用。

一、规模化　一体化　集群化

20 世纪 90 年代，中国上马了很多乙烯项目，比如广州乙烯15 万吨规模，天津石化乙烯 14 万吨规模等，但是这些项目建成之日即开始亏损。这是为什么呢？因为规模太小造成成本太高。

炼油化工规模化和一体化生产已成为石化行业发展的趋势，一些小的炼油厂不仅污染严重而且耗能较大，成为中国石化整个产业链中“拖后腿”的部分。在这种情况下，中国石化开始陆续对一批规模小、耗能高、环境污染严重、安全隐患问题严重的小炼油厂等实施关停措施，向规模化、集约化方向发展。

1. 靠规模化降低成本

竞技场上有句俗话：“身大力不亏”，此话用在炼油规模上也有一定的道理。与国内外的大炼油公司同台竞技，发展规模经济是实现低成本战略的有效途径。

与国外大炼油公司竞争归根结底就是较量两个硬指标：成本和质量。

所谓的炼油规模效益可以从多个方面体现：规模大了，生产成本特别是人工成本就低，基建费用少、能耗低；同时，综合利用率提高，有利于炼油、化工一体化，管理上也更容易采用先进技术。

1200 万吨/年炼油厂与 600 万吨/年炼油厂相比，相对投资节约 25%，生产费用节约 12%~15%。以规模为 75 万吨/年乙烯装置的成本为 100%计，规模下降到 50 万吨/年，相对成本上升 4%~5%；下降到 20 万~25 万吨/年规模时，成本上升 14%~33%。

但是衡量炼厂的先进性，不能单看炼厂规模，还要看单套装置规模。4个250万吨的常减压装置合并起来成为1000万吨炼厂，肯定不如单套1000万吨装置的效率高。据测算，在同等规模下，单套装置比双套装置投资少24%，装置能耗约低19%；相同规模，三套装置投资比单套装置增加约55%，能耗增加约29%。

中国石化正在改变过去炼油石化装置规模小、缺乏竞争力的状况，努力发展规模化经营，走可持续发展之路。

2. 炼化一体化大幅提高资源利用效率

如何保证炼化装置都能盈利赚钱，很重要的一点就是炼油、化工要一体化。只有实现了炼化一体化，才能把炼油剩下的东西充分利用，吃干榨尽。

世界大型跨国石油石化公司目前都在积极推行炼油化工一体化模式。埃克森美孚公司80%以上的炼油装置实现了与化学品或润滑油的一体化，90%以上的化工能力与炼油装置或上游气体加工装置相邻和一体化。

炼化一体化产生的协同作用能将炼厂进料的25%以上转化为更高价值的石油化工产品，可提高联合企业回报率2~5个百分点。墨西哥湾沿岸的炼油和石油化工联合企业通过一体化每年可以获得5000万美元以上的协同效益。

此外，炼化一体化还有其他优势：可以减少投资，降低生产成本；拓宽石化原料来源，满足市场不断增长的需求；可以提高生产灵活性，应对油品和石化产品市场变化的需求；可以实现产品多样化，延伸价值链，提高经济效益。总之，炼化一体化是一个既能改善炼厂经营，又能改进石化装置经营的降低成本、提高经济效益的有效方法。

3. 集群化提高炼油集中度

中国石化的炼化企业集群和一体化优势进一步增强。目前，13个千万吨级炼油基地、8个百万吨级乙烯基地、一批大型原油码头及配套油库、长输管线，分布在长江三角洲、珠江三角洲和环渤海湾等区域，公司炼化企业集群和一体化优势进一步增强，大幅度提高了炼油集中度，资源利用效率和效益明显提高。

——珠三角流域：海南炼化公司800万吨/年炼油项目建成投产，对中国石化调整炼油能力布局，满足西南地区及沿海市场需要具有重要意义；广州石化公司炼油改扩建工程于2006年完成后，加工能力达到千万吨级，优化了广东地区成品油市场的资源配置；2008年茂名石化公司2000万吨/年炼油改扩建工程获批，扩建工程完成后，其炼油能力将由1350万吨/年扩大至2550万吨/年，可大批量生产目前市场急需的清洁油品，对拉动区域经济发展具有重大意义。

——长三角流域：镇海炼化公司新建的150万吨/年加氢裂化装置建成并顺利交付生产，使其原油综合加工能力增至2000万吨/年，在国内同行中稳居第一位；金陵石化公司、扬子石化公司、高桥石化公司、上海石化公司4个千万吨炼油基地绽放异彩，辉映长三角。

——环渤海湾：青岛炼化公司千万吨大炼油项目2008年正式投产，原油加工能力可达到1000万吨/年；天津石化公司千万吨炼油项目蓄势待发，项目建成后，炼油综合加工能力将达到1250万吨/年，每年可生产高质量、高规格、宽覆盖面的石油石化产品1200万吨；齐鲁石化公司“老当益壮”，千万吨级炼油能力助推环渤海湾发展。

中国石化三大炼化企业集群和已建、在建的十余个千万吨级炼油生产基地，如一颗颗璀璨的明珠，照亮我国“东部率先，中部崛起”的区域发展大布局。

二、炼化技术 世界领先

新中国成立初期，我国炼油能力只有十几万吨/年，比不上现在镇海炼化公司两天的炼油量。当时炼油能力主要集中在西北的玉门炼油厂和独山子炼油厂。1955 年，我国也只有 3 座 10 万吨/年炼油厂，甚至被外国人讥笑为“在‘小茶壶’里炼油”。

新中国成立后，我国炼油工业从无到有，从有到大，从大到强，随着抚顺石油一厂油页岩炼油、锦州合成油厂煤炼人造油相继产出油品，炼油工业有了新的发展。1959 年大庆油田的发现，解决了制约炼油发展的原油问题，炼油工业有了突破性的飞跃，到 1963 年油品基本实现自给，告别了依赖“洋油”的日子。

20 世纪 60 年代，侯祥麟带领开展的流化催化裂化、催化重整、延迟焦化、尿素脱蜡及有关的催化剂、添加剂的技术攻关取得成功，被称为炼油技术攻关的“五朵金花”。因此，我国的炼油工业技术接近了当时的世界先进水平。

不过，尽管发展迅速，中国的炼油能力仍落后于世界先进水平。为赶上世界石油石化工业发展的步伐，1998 年我国石油石化行业进行了重大的产业重组，按照“上下游、内外贸、产销一体化”的原则，重组成立了中国石油和中国石化两大集团公司。成立后的中国石化，与国外大公司相比，其炼油业务依然存在布局分散、规模偏小、加工深度低等结构性问题。

经过多年的努力，中国石化已成功开发炼油装置大型化、清洁汽柴油生产、重油及含硫油加工和油化结合等特色的成套技术，使得炼油整体技术水平全面推进、厚积薄发。

如以自有技术为主，建成的海南炼化公司 800 万吨/年炼厂，13 套主要装置中有 12 套采用了自主技术；青岛炼化公司 1000 万吨/年炼厂，17 套主要生产装置中有 12 套采用自主技术。

催化裂化、加氢裂化等技术达到了国际先进水平。石油重质组分催化裂解（Ⅰ型）制取低碳烯烃工艺及催化剂技术，获得了国家技术发明一等奖。

另外，中国石化还掌握了世界先进水平的炼油全流程技术，形成了炼油技术平台，开发形成了催化裂化、加氢家族技术，超低压连续重整技术、大型常减压和焦化技术等，部分技术达到国际先进水平。

中国石化依靠自主开发的清洁油品系列生产技术，低成本完成了国Ⅱ、国Ⅲ油品质量快速升级，在北京、上海、广州等重点城市完成了国Ⅳ油品质量升级，研发储备了满足欧Ⅳ、部分欧Ⅴ排放标准的汽油、柴油生产技术；整体收购并创新提升了催化汽油吸附脱硫（S-Zorb）技术，实现了较大幅度的推广应用；高硫、劣质原油加工技术水平和加工能力逐步提高；乙醇汽油已在6个省正式应用；完成了2000吨/年生物柴油、3000吨/年GTL技术中试，开发完成5万吨/年生物柴油、70万吨/年GTL工艺包。

石油化工重大工艺技术开发取得显著进展。自主开发的乙烯裂解炉、聚丙烯、乙苯/苯乙烯等技术成功实现了工业化应用。大型裂解炉和乙烯分离技术达到国外同类技术水平，可以依靠自主技术设计建设百万吨级乙烯生产装置。形成了芳烃抽提、丁二烯抽提、甲苯歧化、乙苯/苯乙烯、异丙苯、对苯二甲酸（PTA）、丙烯腈、己内酰胺、乙烯三聚制1-己烯、碳四烯烃催化裂解制丙烯等成套生产技术。自行开发设计成功大型气相法聚乙烯成套技术，环管聚丙烯成套技术进一步发展，聚烯烃催化剂和产品性能逐步提高。目前已实现依靠自主和合作技术建设百万吨级乙烯项目。非晶态合金催化剂和磁稳定床反应工业的创新与集成技术，在国际上首次实现工业化应用，并获2005年度唯一国家技术发明一等奖。

“一滴油”的故事

C5 唤醒“睡着了的产业”

在讲故事之前，首先要问你一句，你知道什么是“只要二三，不要四五”吗?

1978 年，中国石油产量达到了 1 亿吨，当时世界上原油产量超过 1 亿吨的国家不到 10 个。这 1 亿吨石油是我们国家一笔宝贵的财富。但由于当时国内经济管理体制上的条块分割，导致资源不能有效利用，浪费很大。比如 1981 年的时候，上海高桥地区有炼油厂、化工厂、化纤厂、合成洗涤剂厂、热电厂，分属石油部、化工部、纺织部、轻工部、电力部等几个系统管理。它们之间原料不能相互供应，不能发挥资源综合利用的效果。全国其他地方的情况也一样，由于地区和部门分割的体制，那时候 1 亿吨石油由 3 个部门、20 个省（市、自治区）分头管理，各取所需，石油部管的厂只需要生产油品等燃料，化工部管的厂只需要化工用的原料，纺织部管的厂也只考虑生产化学纤维原料的需要，不能全面规划，统筹安排，石油资源浪费很严重。

那时候上海石油化工总厂有种说法叫“只要二三，不要四五”。“二三”是指 C2、C3，就是乙烯、丙烯，是用来生产化学纤维和塑料的原料；“四五”是指 C4、C5，就是丁烯、戊烯，是用来生产合成橡胶的原料。上海石油化工总厂以生产化学纤维为主，所以“只要二三，不要四五”，把 C4 和 C5 掺到燃料里，掺到汽油里，当成燃料烧掉。C4、C5 是重要的化工原料，当成燃料烧掉是一种浪费，非常可惜。由于不能综合利用，当时上海石油化工总厂的原油利用率只有 26%，浪费非常严重。

C5是乙烯生产中的副产品，每生产10吨乙烯就产生1吨C5。经过对C5的分离精制，可得到异戊二烯、间戊二烯等一系列精细化工原料，广泛应用于橡胶、化妆品、农药、维生素E、路标漆、香精香料等产品。

C5潜在的经济价值及广阔的发展前景引起各国的普遍关注。一些发达国家进行了大量研发，日本的C5利用率已达80%以上。但C5利用技术含量高，分离难度大，很长时间里我国绝大部分都将C5作为廉价燃料一烧了之，这是一个“睡着”了的产业。

2009年11月4日，中国石化上海石化股份公司正式宣布，具有完全自主知识产权的年产15万吨C5分离装置打通了全流程，产出了合格产品。这标志着国内最大的C5化学工业研发生产基地在上海崛起，C5装置的年处理能力已从原设计的2.5万吨，扩大到7.5万吨，加上本次投产的15万吨改选装置，总的C5处理能力达到了22.5万吨。

此举也使我国总的C5利用率提升了10个百分点，达到约47%。中国石化C5化学产业总体处于世界先进水平。此举打破了国内异戊烯市场被国外公司长期占据的局面，使国外进口异戊烯的单价每吨被拉低了1万元，我国的农民因此每年可少支出3000万元。

上海石化C5资源已做到100%利用，其中80%左右的组分成为精细化工产品，剩余的部分作为乙烯裂解料循环使用，不仅有效提升了上海石化石油资源加工利用率，也对我国C5资源综合利用起到了很好的示范作用，成为提高乙烯工业竞争力的重要途径。

“一滴油”的故事

神奇的“媒婆”——催化剂中的“姊妹花”

石油炼制与化工生产过程中所用催化剂的种类繁多，催化剂被视为神奇的“媒婆”。

随着我国原油加工量的不断扩大，原油中硫含量的不断提高以及汽油、柴油质量的升级，环保法规的日趋严格和人们环保意识的进一步增强，对石油加工和石油化工装置中含硫化合物排放标准的要求也越来越严格。我国《大气污染物综合排放标准》（GB16297-1996）对新产生污染源二氧化硫的最高允许排放质量浓度为960毫克/立方米。

对石油加工过程中产生的含硫酸性气，普遍采用Claus硫黄回收工艺制取硫黄。在传统工艺中，存在能耗过高、工艺复杂、不利于环保等问题。

中国石化技术人员在已有系列硫黄回收催化剂的基础上，通过新型载体的开发，活性组分及制备工艺的优化，开发成功了LSH-02低温型硫黄尾气加氢催化剂。

2008年11月，LSH-02催化剂成功应用于炼油厂8万吨/年硫黄回收装置，在国内属首次工业应用。初步标定结果表明：该催化剂具有优异的低温加氢和水解活性，每小时节约瓦斯95立方米，节约近1/3。加氢后尾气中非硫化氢含硫化合物含量低于20毫克/立方米，净化尾气总硫排放浓度远低于国家规定的排放标准，节能环保效果显著。

随着我国环保法规的日益严格，对车用汽油的质量要求不断提高。在这种形势下，中国石化在燕山石化建成了国内首套S-Zorb催化汽油脱硫装置。该装置投产后，可生产硫含量低于10毫克/立方米的低硫清洁汽油。

由于 S-Zorb 技术中吸附剂再生产生的烟气中含有较高的二氧化硫，在国外通常采用碱液吸收方法去除二氧化硫，但废碱液处理也会产生污染。因此，选择烟气进入硫黄回收装置是较好的处理方式，既不会造成污染，又能变废为宝。

但是，烟气进入 Claus 单元可能会降低整个硫回收装置的处理量，造成装置波动。如果进入尾气加氢单元，由于烟气中二氧化硫和氧含量较高，一般催化剂容易发生二氧化硫穿透，很难达到装置要求；同时，由于烟气温度较低（160℃左右），达不到尾气加氢单元的温度要求，需增设加热器，使得装置能耗升高。由此，S-Zorb 汽油脱硫再生烟气的处理问题成为制约推广应用该技术的“瓶颈”。

为解决此问题，必须开发新型的催化剂满足 S-Zorb 再生烟气处理的工艺需求，以达到新标准汽油的技术指标。

从 2007 年 9 月到 2008 年 12 月，中国石化技术人员针对 S-Zorb 汽油吸附脱硫再生烟气特点，在 LSH-02 催化剂的基础上，通过加入助剂、提高催化剂的活性，进行了 LSH-03 低温耐氧高活性 Claus 尾气加氢催化剂的小试研究，开发了新型载体，优化了活性组分含量和制备工艺。试验数据表明，LSH-03 催化剂具有低温、活性好、二氧化硫加氢能力及耐硫酸盐化能力强、易于硫化、不易反硫化的特点。

2009 年 7 月，在燕山石化 1 万吨/年硫黄回收装置上，LSH-03低温、耐氧、高活性尾气加氢催化剂成功实现工业应用，装置开工一次成功。经环保部门检测，净化后尾气二氧化硫排放量远低于960 毫克/立方米的国家排放标准和 850 毫克/立方米的厂内控排放标准，且远低于使用原催化剂时的排放量（500~800 毫克/立方米）。工业应用表明，该催化剂完全满足 S-Zorb 再生烟气处理的要求。

LSH-03和LSH-02这两种催化剂作用于硫黄回收装置的不同工艺阶段，却因其在工业应用中的突出能效被双双誉为“媒婆”中的“姊妹花”，在硫黄回收催化剂领域内灿烂绽放。

三、油品升级 服务百姓

随着我国老百姓生活水平的不断提高，个人购置的小轿车越来越多。许多城市的马路上车水马龙、络绎不绝。汽车多了，交通方便了，当然是好事，但是也带来了一些问题。不少城市的上空好像被一层白茫茫的烟雾盖住了，市民往往抱怨老是见不到蓝天白云。大家从电视上看空气质量日报时，可以发现全国各地很少有空气质量是一级的。当然，造成这种情况的原因是多方面的，但是其中一个很重要的祸根是汽车排放的尾气。汽车尾气排放是造成城市大气污染的主要根源之一。

汽车里烧的燃料是汽油或柴油，它们的成分基本上是碳氢化合物，所以燃烧后的尾气中主要是二氧化碳和水。二氧化碳是造成地球温室效应的罪魁祸首，这里暂且不论。除此以外，在汽车尾气中还有一些对环境和人体有害的东西，这就是一氧化碳（CO）、硫氧化物（SOx）、氮氧化物（NOx）、可挥发有机物（HC），等等。

要解决这个问题，一方面要从改进汽车发动机的结构和净化汽车尾气着手，另一方面则要使燃料更加清洁。汽油、柴油都是浅色透亮的，肉眼看不出有什么不干净的东西。这里所说的“清洁”，是指要求在燃烧产生的尾气中污染物尽量的少，以保护环境。

据北京市环保局统计，北京市空气中大约73%的碳氢化合物、50%的氮氧化物和63%的一氧化碳均来自汽车尾气排放。而一辆国Ⅲ标准的家用轿车，在使用国Ⅲ标准汽油后，一氧化碳排放量将比

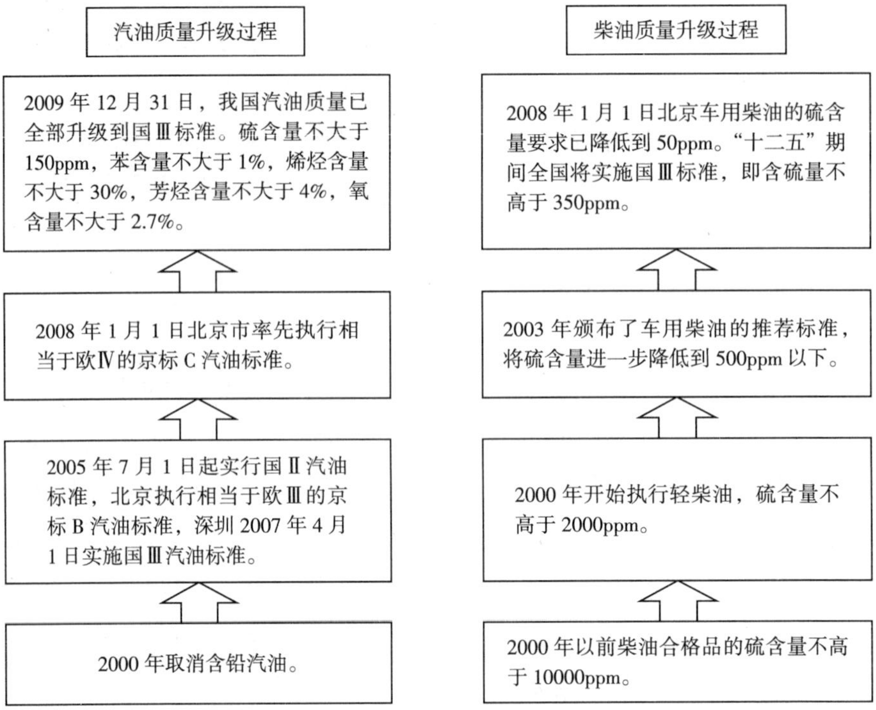

图 3–5　中国油品升级的过程

使用国Ⅱ标准汽油减少 30%，碳氢和氮氧化物将分别减少 40%。

从有铅到无铅，从无铅到国Ⅱ，再到国Ⅲ，我国成品油变得越来越“绿色”。按照汽油产量 3443 万吨计算，中国石化 2009 年减排2.4 万吨二氧化硫。

从 1997 年推行汽油无铅化开始，中国石化拉开了油品质量升级的序幕。仅用 10 年时间就走完欧美发达国家二三十年走过的油品质量升级道路。

用 10 年左右的时间，完成了欧洲、美国等发达国家和地区几十年才走完的质量升级历程。其中一个主要原因，就是自主创新技术的应用。依靠自主开发的清洁油品系列生产技术，中国石化低成本快速完成了质量升级任务，向社会及时提供了绿色清洁油品。目前中国石化已经拥有了满足欧Ⅳ排放标准的油品生产技术，储备了部分满足欧Ⅴ排放标准的油品生产技术。

2005~2009 年间，中国石化共投资 110 亿元用于新建、整体改造炼油装置，开发适合中国国情的清洁燃料技术。2007 年中国石化正式启动国产汽油质量升级工作，目前，汽油产品已经全部达到国Ⅲ质量标准，汽油硫含量从 500ppm 降低至 150ppm，其中北京、上海达到国Ⅳ标准。

中国石化目前进行的第三轮油品质量升级改造，由于有害物质降低幅度大，指标涉及面广，新建、改造装置多，涉及企业广，投资数额大，不可避免地带来成本费用的增加。

油品升级带来成本上升。由于有害物质降低幅度大，新建、改造装置多，投资数额大，油品的升级不可避免带来成本费用的增加。据了解，国Ⅲ汽油加工成本将比国Ⅱ标准每升高约 0.145 元，加工成本约增加 200 元/吨。

在降本压费的挑战面前，炼油企业响应“干毛巾也要拧出三滴水”的号召，咬紧牙关，充分依靠科技进步，采用自有技术，全力以赴实现低成本油品质量升级。

2011 年 7 月 1 日，我国开始实施乘用车第四阶段排放标准，即国Ⅳ排放标准。这标志着我国全面跨入了“国Ⅳ”时代。

2008 年北京率先推广国Ⅳ标准。为了给北京市场提供高品质的清洁油品，作为奥运合作伙伴的中国石化从 2007 年开始就已投入力量到国Ⅳ标准油品的生产制造当中。以燕山石化分公司为例，自 2007 年 6 月 22 日 1000 万吨炼油系统开车以来，不断探索和完善满足国Ⅳ标准的成品油生产工作。燕山石化先后对装置进行工艺调整、质量控制、储运系统置换等多项技改工作，于 2008 年 1 月顺利生产国Ⅳ标准汽油 9.5 万吨，生产国Ⅳ标准柴油 10.8 万吨。使燕山石化成为我国第一家生产国Ⅳ标准成品油的千万吨炼油基地，确保 2008 年北京奥运会的顺利召开，使北京市环境得到进一步改善。

为迎接世博会，中国石化在上海共投资 2.8 亿元，对 250 座加油站和 3 座油库完成了油气回收改造，并先后在上海高桥分公司建成投产了 300 万吨/年柴油加氢、140 万吨/年加氢裂化和 120 万吨/年催化汽油吸附脱硫等先进装置，使高桥分公司的汽柴油全面达到国Ⅳ标准、部分满足欧Ⅴ标准。中国石化用行动践行了自己“奉献碧水蓝天，服务绿色世博”的承诺。

继北京、上海之后，广州市是国内第三个全面推广高标准成品油的城市。国Ⅳ标准的推广，使得北京年减排二氧化硫 300 吨以上。而在这片碧水蓝天之中，中国石化清洁油品的贡献功不可没。2010 年 8 月 4 日，在 2010 年广州亚运会倒计时 100 天之际，广州市内中国石化旗下 279 座加油站全面供应粤Ⅳ汽油。中国石化广州石化分公司不断加大油品产品质量升级投入力度，先后完成千万吨级炼油改扩建工程和完善配套优化工程，建成投产 150 万吨/年 S-Zorb 催化汽油吸附脱硫生产装置，达到年产 216 万吨粤Ⅳ汽油的生产能力。

据统计，“十一五”期间，中国石化累计投入 492 亿元用于油品质量升级。中国石化目前拥有 35 家炼油企业，已初步形成了环渤海湾、长江三角洲和珠江三角洲三大炼厂集群，年加工能力达到 2.28 亿吨。

“一滴油”的故事

中国石化油品升级的历程

作为中国第一大炼油商，中国石化一直以来致力于清洁油品的研发和生产，有力地推动了油品质量升级。

表 3–1 中国石化油品升级的历程

1997 年	从推行汽油无铅化开始，中国石化拉开了油品质量升级的序幕。1997 年，镇海炼化第一船高标号无铅汽油直接出口美国。
1999 年	中国石化停产 70 号汽油和含铅汽油。
2003 年	中国石化所生产的汽油全部达到国Ⅱ标准要求。
2007 年	成功生产达到符合欧Ⅳ排放标准的高品质清洁汽柴油。燕山石化通过装置改造，成为国内首个生产欧Ⅳ标准汽柴油的千万吨级炼油基地，使我国提前兑现了向国际奥委会的庄严承诺。
2008 年	中国石化在北京地区率先推出了相当于欧Ⅳ标准的车用汽油。
2009 年	我国首次批量生产的 1 万吨符合欧 V 排放标准的车用柴油顺利运抵香港，结束了香港高品质车用柴油市场长期被国外大公司垄断的历史，标志着中国石化生产的车用柴油质量达到世界最高标准。
2009 年	中国石化生产的车用汽油全面达到国Ⅲ标准要求。

四、多样产品 精彩生活

石化产品和节约耕地有关系吗？

石化产品和农业的增产增收有关系吗？

……

实际上，可以用石化的产品合成纤维、合成橡胶替代棉麻毛丝、天然橡胶，以此来节省大量耕地。如 1 万吨聚酯纤维相当于约 20 万亩亩产 50 公斤棉田一年所产的棉花，1 万吨腈纶纤维相当于 250 万头羊所产的羊毛，1 万吨合成橡胶相当于 20 万亩橡胶园一年所产的天然橡胶。

乙烯是生产各种有机化工原料和三大合成材料的重要基础原料。乙烯可以产生很多有价值的下游产品，其衍生物对于现代工业来说，无论是航天工业、汽车零件业、电子零件业，体育用品业，还是建材业、轮胎业、包装业、纺织服装业、涂料业、染料业、医药业都发挥着重要的作用。

——在建筑领域，现在人们已经尽量减少使用稀缺材料来建设节能住房，石纤维或泡沫塑料板正在取代传统建筑中使用的木材、砂子和石材，房间地面和墙面使用的装饰材料和涂料更加环保。

——在交通领域，当代的环境友好型汽车大量使用塑料制品，这些聚合物具有优越的强度、低重量比，容易制成复杂的形状并可回收再利用，对现代汽车发展做出巨大贡献的其他化工技术还涉及新型电池、电线电缆绝缘层、耐用轮胎橡胶、金属表面防腐处理，等等。

——在医药领域，首先为制药企业提供了合成药物的必要原料；为制造义肢、人造血管和其他人造器官提供了高强度和具有生物兼容性的高性能聚合物；提供了医用 X 光片及其处理溶液，成像质量日渐改进，降低了人体的辐射剂量。

——在健康卫生领域，无磷洗涤用品取代了含磷洗涤用品，肥皂、清洁剂、洗衣液和抗菌产品为人们创造了清洁的环境；琳琅满目的化妆品也满足了人们的不同需求。

——在农业生产和加工领域，化肥缓解了世界人口增长带来的粮食压力；新型薄膜包装材料为食品工业提供较长保存期的食品创造了条件。

——在科研领域，为现代遗传与分子结构研究、有机合成、航空航天试验提供了必要的基础材料。

所以说，除了大家比较熟悉的汽油、柴油这些油品外，中国石化还有特种润滑油（脂）、改性沥青、树脂专用料、特种纤维、高端橡胶等一大批高性能产品，有效开拓了市场，并成功应用于“神舟”飞船、“嫦娥”探月卫星、奥运场馆、京沪高铁、东海大桥等国家重大工程建设。

“一滴油”的故事

化工生产流程及产品应用示例

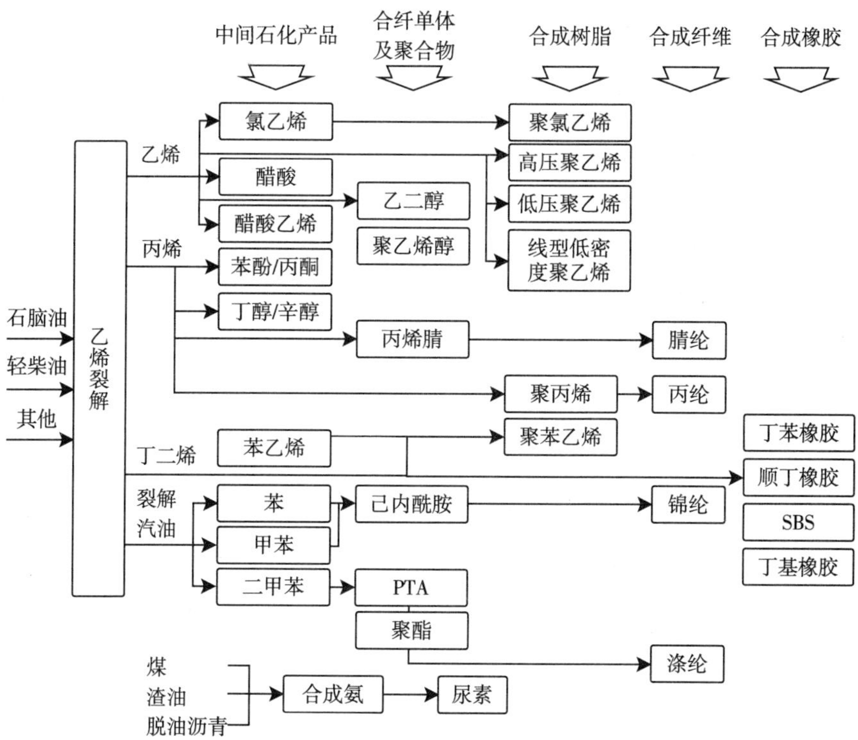

图 3–6　化工工艺流程简图

表 3–2　化工产品的应用示例

合成树脂	● 保险杠、仪表盘、汽车燃油箱等。 ● 电视机、洗衣机、冰箱、冰箱、电脑、豆浆机、杯子、化妆品瓶、食品包装容器、乐扣等保鲜盒、利乐枕等奶纸复合袋。 ● 食品包装和烟草工业高性能的 BOPP 包装薄膜。 ● PPR 冷热水管/HDPE 管材料/PVC 门窗/PVC 下水管道。 ● 聚乙烯农膜原料。 ● 蔬菜大棚；保湿的农用地膜；蓄水保量和垃圾填埋等用途的土工膜、农产品及工业用途包装的拉伸缠绕膜、强固长江大堤等水利设施的聚丙烯格栅。 ● 中国石化服务“2008 年北京奥运”鸟巢等主场馆建设，服务中国体育事业发展：场馆座椅、塑胶跑道。

续表

合成纤维	• 服装面料：2009 年，中国石化生产合成纤维 131.3983 万吨，可以生产布匹 65.7 亿平方米，相当于为全中国每人增加一套新衣服。 • 装饰材料：窗帘、沙发、床上用品；汽车内饰；等等。尼龙丝袜；蚊帐。
功能纤维	• 玩具（动物）的人造毛皮（腈纶纤维）、玩具内填充材料（涤纶中空纤维）。 • 用于御寒保暖用途，如防寒服、被子、毛毯、睡袋（涤纶中空纤维）等，毛毯、毛线、毛毡（腈纶纤维）等。 • 解放军和武警作战训练服（高强高模维纶纤维）。 • 上海石化：用于轮胎帘子线、输送带基布、汽车安全带、缆绳、水龙带等（高强高模涤纶长丝）。 • 道路和水利工程建设（丙纶土工布）。
聚酯薄膜	包装膜、电容器膜、磁带（录像带）基材、X–光底片。
聚酯瓶	碳酸饮料瓶（如可乐、娃哈哈等），水瓶（农夫山泉、康师傅等），食用油桶（壶）。

“一滴油”的故事

中国石化润滑嫦娥探月之路

发射人造地球卫星、载人航天飞船和深空探测是人类航天活动的三大领域。从两弹一星到长征系列运载火箭，从载人航天工程到探月工程……作为中国航天事业的长期合作伙伴，长城润滑油与中国航天事业携手走过了半个世纪，为我国历次航天工程提供了卓越的润滑保障。

20 世纪 60 年代，长城润滑油自主研发的 4851、4853 号特种润滑油成功，使中国成为少数几个掌握航天工业、核工业用油技术的国家之一。

70 年代，长城润滑油自主研制的新一代航天油全氟聚异丙醚油脂获得成功，满足了中国东风导弹和“长征”系列运载火箭新的润滑要求，填补了国内空白，并使中国航天润滑技术走在了世界前列。

为了满足神舟载人飞船的特殊润滑要求，长城润滑油组织研制成功神舟飞船所需要的高低温润滑油脂（谐波减速器高低温润滑脂），成功护航“神舟”飞船，完成了中国一次又一次航天飞行的壮举。

2010年10月1日，我国自行研发的“嫦娥二号”探月卫星成功升空，开始长达38万公里的奔月旅程。作为嫦娥二期工程的先导卫星，“嫦娥二号”肩负着为着陆月球做好准备的艰巨任务。“嫦娥二号”的探月不仅彰显了我国强大的航天科技自主研发实力，更以其先进性、科技性带动着相关产业的发展。

与“嫦娥一号”相比，“嫦娥二号”对润滑产品提出了更高的要求。“嫦娥二号”采用了推力更大的长征三号丙火箭发射，其奔月轨道也作了较大调整，无须利用绕地轨道加速，直飞月球的时间缩至120小时。“嫦娥二号”奔月速度的大幅提升，使润滑要求成倍提高。如巨大的温差要求润滑油具备极佳的黏温性、高温安定性、低温流动性；发射时的高温及液体燃料强氧化环境，又要求润滑油具有极强的抗氧化性能；此外，润滑油还必须具备适应“嫦娥二号”在外太空高负荷、高转速运行条件的卓越性能。特别是，此次“嫦娥二号”是连续多天高速不间断飞行，对长城润滑油的持续工作能力提出了更高的要求，这些严酷的润滑环境要求润滑油具有极高的技术性能。

“嫦娥二号”探月有一项重要任务就是为“嫦娥三号”预选着陆区进行高分辨率成像试验。为此“嫦娥二号”搭载的CCD相机进行了升级，拍摄精确度从“嫦娥一号”的120米分辨率一举提升至10米以内。据了解，至今国际上还没有分辨率优于10米的全月立体图像，而“嫦娥二号”CCD立体相机能够实现这种高精度成像，也与长城润滑油的助力密不可分。日常生活中，我们会看到滴落到荷叶上的水总是滚来滚去，这是因为荷叶的表面很特殊，水滴无法附着在上面。可如果将长城特种航天油滴在荷叶上，它却能稳稳附着其上，不会随意滚动。正是因为长城特种航天油具有这种极佳的黏着性和稳定性，可以为成像器材提供充分而精确的润滑，再加之该特种润滑油在高真空下的超低挥发性避免了“嫦娥二号”CCD相机受到影响而造成图像失真，确保成像的清晰。

“嫦娥二号”的成功探月，可以说是对长城润滑油的一次检阅，中国石化润滑油公司也成为国际上为数不多的几个掌握航天润滑技术的企业。

第三节　行之有道

“行之有道”既体现了中国石化销售板块的业务特征，也说明中国石化人的责任引领。一滴油的“行”，既包括有形的管道之“行”，也包括无形的销售服务之“行”。通过“行之有道”，把丰富多样的“一滴油”变成创造精彩生活的“一滴油”。

“中国石化的优势在市场，危机也来自市场。”把销售板块作为公司持续发展的“生命工程”，显示了中国石化决策层对市场竞争激烈程度的清醒认识。

中国石化把服务客户、满足客户需求作为基本责任，积极从“卖产品”向“卖服务”转变，致力于不断完善服务网络、提高服务水平、丰富服务项目和改进服务方式，从高品质服务、规范化服务、增值性服务、多功能服务、保障性服务等角度出发，努力提高客户的满意度和忠诚度。

一、质优量足　客户放心

“来这里加油，我们放心。”这是到中国石化加油站加油的司机常说的一句话。“质优量足”是中国石化立足于市场的金字招牌，也是中国石化对社会的庄严服务承诺。中国石化的成长壮大，靠的是 60 年来几代人努力积累的品牌信誉，靠的是消费者的信任和扶持。

在市场竞争日趋激烈的今天，市场是品牌的市场，竞争是质量的竞争。只有“质量永远领先一步”，才能成就企业的竞争优势地位。

质量是企业生存的基石。为确保供应的油品质优量足，中国石化无论是系统内生产的油品还是外采的油品，都必须经过 A 级质检中心检测合格后才能入库。

“一滴油”的故事

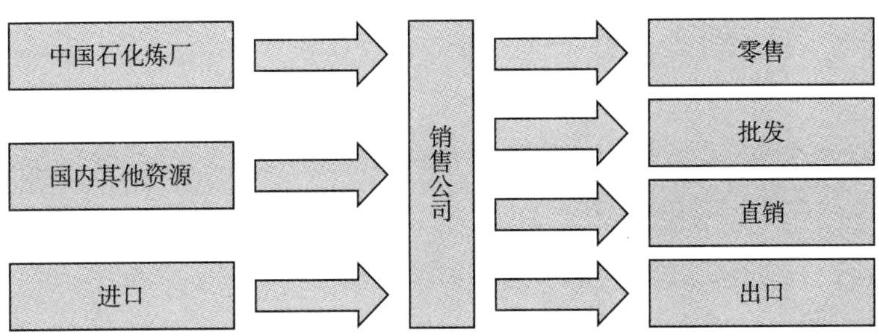

图 3–7　中国石化销售的工艺流程

目前，油品销售系统在 19 家省（区、市）公司建立了 A 级质检室，均按照质量管理规定进行认真化验，达不到质量合格标准的不准入库。

在送油过程中，每辆油罐车专罐专运、柴汽分运，进油口和出油口要铅封，还专门配备了 GPS 定位监控装置，实施全程监控。

在加油站卸油作业时，司机和接卸人员实行“双确认”，值班站长再复核，并填写卸油流程检查表。

在制度上，油品销售系统有反应灵敏的质量计量监管体系，有健全的预警机制，有严格的接卸制度。进、销、调、存各个环节的工作责任界定清晰，计量传递、定期盘点、质量检验和责任追究制度落实到位。中国石化的油品从入库到消费者手中，要经过至少 10 次检测。每一个环节，每一个细节，中国石化都倾注心力，用 100%的努力，确保销售的成品油 100%合格。

正因为如此，中国石化将质量事故与安全环保事故、不稳定事件、腐败案件一起作为企业“四害”提出来。因为质量事故损害的是企业的形象，动摇的是企业的根基。

中国石化视产品质量为生命，将以此为戒，进一步加强产品质量管理。将靠品质引领未来，靠品质赢得未来，靠品质支撑未来，打造“百年老店”。

二、网点建设　客户便利

加油站要提供方便给顾客，第一要做到的就是网点网络的广泛性。

中国石化加油站已遍布全国各地，最东有临近“天尽头”的威海荣成四十加油站，最西有中国和吉尔吉斯斯坦交界处的新疆吐尔尕特加油站，最南有濒临南海的三亚亚龙湾加油站，最北有黑龙江省齐齐哈尔市鹤乡路加油站。网点交织的网络，遍布祖国大江南北。

“一滴油”的故事

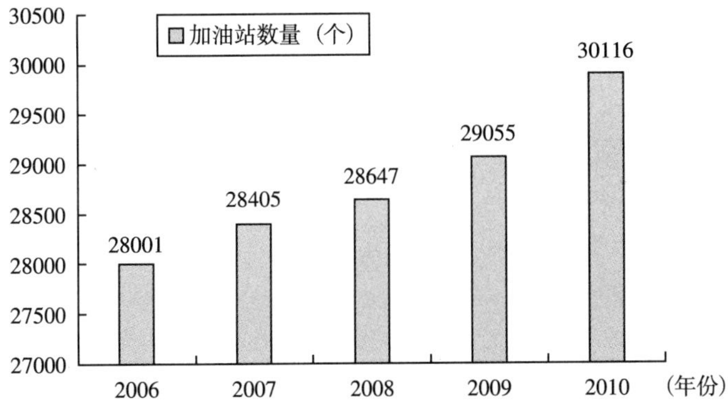

图 3-8 中国石化加油站网点规模

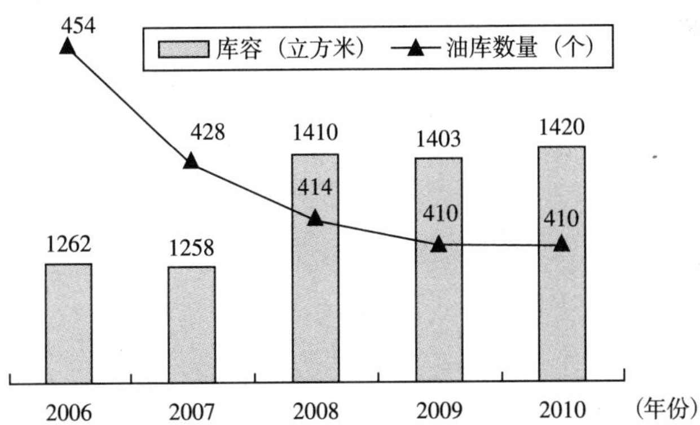

图 3-9 中国石化成品油管道规模

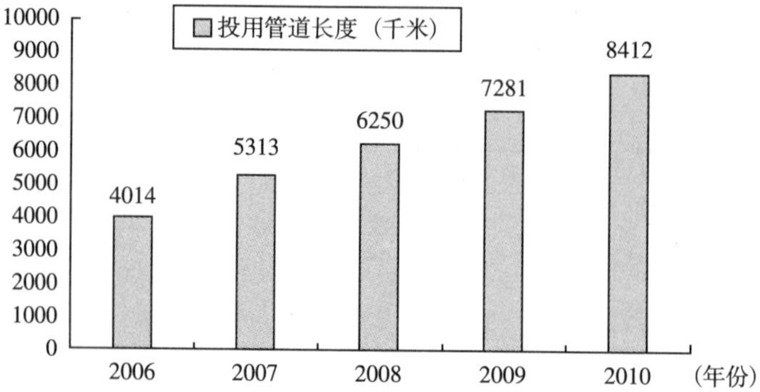

图 3-10 中国石化投用管道长度

加油站要给顾客提供方便，第二要做的就是提升加油站的功能。

中国石化销售企业为实现品牌形象、网络质量和管理水平“三个提升”，累计改造新形象加油站近 7000 座，取得了很好的经济效益和社会效益。按照国际先进的加油站形象标准，体现了从工业设计向商业设计理念转变的特点，引进国际品牌快餐、汽服，把加油站打造成为“汽车生活的驿站”。

2007 年起，中国石化相继开始大规模启动非油业务发展。当年，中国石化投入 15 亿元专项资金，重点打造数千座样板加油站。在这次改造中，加油站不再仅仅定义为加油场所，而是一种集加油、中途休息、餐饮、购物、车辆维护于一体的综合性服务场所。以前只是把加油站当做了卖油点，没有看成是零售店。

2009 年，中国石化再度安排了 2 亿多元投资计划发展非油业务，并对非油业务制定定岗定编标准。

加油站每天要和不同的消费者直接打交道，所以优劣评价很容易在人们口头甚至不同信息平台和渠道传播，所以说加油站要经受住市场竞争和顾客选择的考验，多培育忠诚的客户，多赢得客户的信赖，从油品、非油品、服务和信息形象等方面展示和使消费者体验到中国石化加油站的优质、品位和魅力。

三、优质服务　客户满意

目前，中国有3万座悬挂“朝阳”标志的中国石化加油站遍布全国城乡，每天为1500多万辆车提供加油服务，有人亲切地将它们称为“红帽子”。在竞争主体多元化和竞争手段多样化的市场环境中，“红帽子”为什么能够赢得客户信赖，保持竞争优势？其根本秘诀就在于“服务”二字。多年来，中国石化立足市场需求，从规范化服务、增值性服务、多功能服务、保障性服务等角度出发，努力提高客户的满意度和忠诚度，实现了从“卖产品”向“卖服务”的转变，除了保证“质优量足”这一金字招牌外，还打造出四大优势服务，映红了石化“朝阳”。

（一）让每位顾客体验“VIP”感觉

在京珠高速路上跑了近6个小时的张师傅有些疲倦，他将大货车驶进了中国石化浪网服务区加油站。加油员迅速跑步过来，将车引导到加油机旁，麻利地打开油箱盖、加油、刷卡、开发票、擦车窗……“师傅，您累了吧，我给您倒杯茶水。”加完油后，加油员又将他请到专门为长途司机开设的休息室。“我都快把这里当成自己的家了。”张师傅笑着对记者说，“在这儿不但能让车‘吃饱吃足’，我们司机也能喝杯水、打个盹儿，不舒服时还有免费的药品供应，简直就是‘VIP’。”

近年来，中国石化一直将规范化服务作为企业基础管理和品牌建设的核心，致力于为顾客提供便捷、高效的服务。

2003年，在全国同行业中，率先组建了客户服务中心，在全国公布客户投诉电话95105888、95105988，24小时为顾客提供各类咨询和投诉服务。

2004年，在加油站专项整顿取得成效的基础上，组织开展了声势浩大的加油站规范化管理百日竞赛，推广普及“八步法”服务。

2005 年，推广加油站达标创星活动，评选“百强”服务明星站和“百佳”服务明星，并且从这一年开始，把每年的 4 月固定为加油站“优质服务月”。

2006 年、2007 年，以打造国际一流的加油站为目标，从整体设计到外观形象、站内设备全方位开展加油站改造，当年已有 3200 多座新形象加油站面向社会营业，成为城市建设中一道靓丽的风景线。

2008 年开展“加油站管理服务提升年”活动。

2009 年组织“全员劳动竞赛”等，不断完善加油站规范化服务体系。为保障服务效果，他们还从社会上聘请“神秘顾客”，定期或不定期以明察暗访的方式，对加油站服务进行检查，聘用社会专业机构开展服务问卷调查，建立起企业与顾客沟通的桥梁，促进了服务质量的不断提升。

（二）为客户打造轻松车旅生活

加油卡是中国石化推出的集充值加油、用油管理、持卡消费、积分回馈、维修救援等功能于一体的信息化服务手段。用加油卡加油与拨打 IC 卡电话一样方便，插卡即显示用户名和卡片余额，电脑加油，挂枪即停，自动扣款弹卡，避免了现金找零的麻烦，也减少了车友等候的时间。

目前，中国石化已在全国市区、高速公路、国省道等区域建成近 2 万座联网加油站，客户只要凭借手中的加油卡，就可到任何一个联网中国石化加油站加油。中国石化加油卡销售部门负责人告诉记者：“记名加油卡客户还可以参加积分回馈活动。此积分回馈活动开展以来，共有 53 万客户先后领到了 263 万件礼品，礼品市场价值近 2 亿元。”广州的郝女士说：“现在的回馈礼品越来越丰富了，我家用的鼠标、旅行包都是加油卡积分兑奖获得的。”

中国石化向记名卡用户提供免费本地救援服务，凡注册救援服务的车辆非事故性的缺水、缺电、缺油、换轮胎，都可以拨打24

小时救援热线电话求助。一位来自南京的自驾游朋友王先生说："有一次，我驾车在高速路上抛锚了，当时已是夜里12点多了，抱着试试看的心理拨打了中国石化加油卡救援热线，没想到20分钟救援车就过来了，解了我的燃眉之急。"

加油卡在方便客户加油的同时，还能帮助企业进行"用油管理"。河北省石家庄某单位行政负责人万先生告诉记者："以前单位车队的加油时间、数量无法进行统一控制，现在用'一张卡'就解决了难题。"原来，万先生所在单位近期办理了中国石化加油卡，单位管理部门持有主卡，每位驾驶员配发副卡。通过主卡可以分配副卡加油额度、查询副卡加油信息，每月还能收到加油消费的明细对账单。此外，加油卡还可设定丰富的限制信息：限车号、限油品、限油站、限地区、限日加油次数等，为用户的车辆加油提供各项管理服务。

（三）加油站成为综合性便民平台

到中国石化北京龙禹玉泉加油站，成了张先生日常生活的一部分。在这里，他在享受加油服务的同时，还可以在麦当劳餐厅品尝美味的快餐，在便利店中购买饮料、日用品等物美价廉的商品，为自己的爱车美容、换油、修理，免费获取精美的杂志和报纸，心情好时还可以购买一张福利彩票。这种集加油、汽车餐饮、便利购物等服务功能于一体的综合加油站，成了有车一族的综合性服务平台。

为了给顾客提供更加舒适、便捷、丰富的服务，近年来，中国石化不断完善加油站服务功能，大力发展非油品业务。目前，中国石化已在加油站开设便利店8000座，与麦当劳、肯德基、SK等知名品牌合作开设快餐、汽车服务店。与此同时，中国石化还积极引领自助加油新时尚，建成自助、半自助加油站1300多座。顾客在体验加油乐趣的同时，还可以享受每升3~5分的优惠。

（四）应急性保障服务：时刻不忘对社会的庄严承诺

2008年2月的一天，中国石化湖南石油分公司收到了一封来自广东东莞的感谢信。原来，1月29日夜，因突发冰雪灾害，广东梁先生与家人滞留在京珠高速湖南段上，正当他们的油品、食品都已耗完时，中国石化京珠高速长沙加油站组成的“流动”加油站救助队，为他们送来了15桶柴油、2箱纯净水、1箱方便面，帮他们渡过了难关。

面对各种突发的自然灾害，中国石化始终坚守保供责任，千方百计采取各项措施保障生产和生活用油供应。

2008年，冰雪灾害期间，中国石化员工冒着严寒，在被凝冻打磨得“油光可鉴”的路面上，采取垫沙撒盐的方式，一米一米地打通送油路线，为受灾地区紧急送去油料，还组织流动加油车不间断为滞留车辆加油。在拥堵严重、加油车无法行驶的路段，很多加油站员工不畏严寒，手提加油桶在凝冻路面步行数个小时为滞留车辆输送油品，并为滞留司机、乘客免费派发方便面、热水等必需品。

“5·12汶川地震”发生后，中国石化提出“抢险设备开到哪里，汽柴油就供到哪里”，迅速启动十大保供措施，全力投入抗震救灾行动。紧急从华中、华南地区向四川、重庆灾区增调成品油，5月12日地震发生当晚，就组织3列成品油专列发往成都及绵阳地区。12~18日短短7天内，紧急组织6.34万吨成品油进入川渝，比正常供应量增加了一倍多，及时保障了灾区成品油供应。还采取开出流动加油车、肩挑手提人工送油等措施，不舍昼夜地将成品油送到抗震救灾一线。在灾区的所有加油站为救灾车辆开通“绿色通道”，从湖南、湖北等地为灾区紧急增调加油站服务人员，确保通往都江堰、南充等重点灾区的干道加油站24小时营业，为救灾车辆优先服务，做到“站站不断油、随时能加油”。在重灾区平武县南坝镇，中国石化加油站成为了震后镇上唯一的加油站，李海蓉等4名勇敢坚强的中国石化加油女工，冒着余震危险，克服饥渴困难，连续坚守岗位150小时，被当地群众誉为“四朵金花”。

每年5月、6月，从江淮流域到华北、东北、西北地区，都会迎来三夏麦收时节。中国石化都会提前与当地农业部门沟通协调，提前将成品油向小麦产区调运配置，各地中国石化销售分公司开辟“三夏”用油绿色通道，发行“农机 IC 加油卡”提供专项服务，利用流动加油送油到田间地头，方便农机加油。有的还准备“爱心礼包”，向农机手赠送毛巾、肥皂、提供开水、绿豆汤、急救药品、防暑物品等。来自河北省张家口的农机手孙师傅说：“我们不担心缺油，困难时中国石化一定会为我们供油！”

以上优势服务映红了中国石化“朝阳”，也让中国石化的“生命工程”如朝阳般具有活力！

“一滴油”的故事

中国石化免费道路救援 一个电话就 OK

中国石化加油卡免费道路救援服务自 2009 年 8 月 8 日推出以来，道路救援网络已覆盖全国 454 个城市，目前已有 5 万多名加油卡客户享受了这一服务。免费汽车道路救援服务内容包括接电服务、紧急送油、紧急加水、更换轮胎、现场抢修、拖车牵引等几大类。

（一）朋友般的信任，一个电话就 OK

在广西钦州一家民营企业管理公务车的曾先生说：“从 2005 年开始，我就接触并使用中国石化加油卡，它就像我多年的老朋友。在第一次享受加油卡免费道路救援后，车子一出现故障，我首先想到的就是这位老朋友！”

曾先生对 2011 年 4 月 2 日的那次道路救援记忆犹新。当时，他开车在南宁出差，车子发动机出了故障。拨打加油卡客服电话后，中国石化加油卡道路救援人员很快驾驶专业拖车到达现场。“救援人员向我再三交代了拖车注意事项，帮我挂好拖车绳索。我便按照规程操作，拖车行驶了十多公里才到达修车厂。我对救援人员的拖车操作感到很满意，办完签字手续，工作人员告诉我这次救援单程距离在免费救援范围内。”

（二）“油卡达人”被“救”十多次

2011年6月8日下午，车友王女士在山东威海市环翠区拜访客户，正准备开车返回公司，却发现车子又“亏电”了。王女士并不慌乱，她掏出手机熟练地拨打了中国石化加油卡的客服电话。不到20分钟，一辆专业救援车就停在王女士的车前。修车技师从救援车上拿下连接电缆，打开王女士车的发动机盖，开始搭电发动汽车。

王女士告诉记者，2010年9月，她在中国石化加油卡网站上注册了免费道路救援服务，没想到这项服务真的帮了她的大忙。王女士的车经常出现“亏电”现象，因为对车况不太清楚，加上业务繁忙，把修车的事耽误了。在这期间，她接受了十几次免费道路救援服务。2010年冬天，威海的雪下得特别大，中国石化加油卡免费道路救援车几次把她从冰天雪地里解救出来。

第四章　每一滴油都是承诺：支撑

中国石化的“每一滴油”都是品质领先的“一滴油”，“每一滴油”都是健康安全环保的“一滴油”，“每一滴油”都是科技引领的“一滴油”，“每一滴油”也都是精细管理的“一滴油”，“每一滴油”都是“油水不相容”。

具体来看，对于产品品质，中国石化从管理、科技、文化、道德等因素着手，不断健全公司质量工作体系，不断完善质量管理制度，更加落实质量责任制，有力地促进了产品质量、服务质量和工程质量的持续提升，实现“每一滴油”品质永远领先一步的目标；中国石化十分重视健康、安全和环境（HSE）管理，确保员工健康是第一位的，通过强化“我要安全”的安全理念、开展节能减排，实现了“每一滴油”都是安全环保的目标；科技创新作为中国石化发展的“助推器”，推动企业又好又快发展，力求通过科技创新来引领“每一滴油”，多产、多增、不费“每一滴油”；中国石化重视

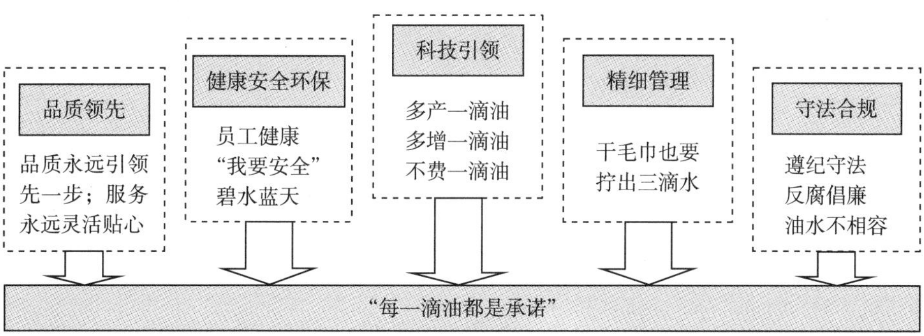

图 4–1　“每一滴油都是承诺”的支撑

精细管理和规范管理，对“每一滴油”实现其价值的任何环节都精益求精、精耕细作、精打细算，力求做到“干毛巾也能够拧出三滴水”。油水不相容，要像水里的一滴油，永远都勾兑不了，诚信守法，廉洁奉公。

第一节　品质领先

“一滴油”，寓意一种流动，一种润滑，一种沟通，一种品牌，品牌的形成是每一滴油积累而成，“珍爱品牌，注重质量”理念推动我们精心呵护品牌，提升企业美誉度。质量是企业的生命，要“靠品质引领未来，靠品质支撑未来、靠品质成就未来”，“质量永远领先一步”，是中国石化在 2010 年 8 月 18 日中国石化召开的质量工作会议上确立的质量方针；“质优量足，客户满意”，是中国石化制定的质量目标。

这个方针和目标，既是一种理念，又是一种追求，就是要在所有工作当中始终把质量工作放在首位，通过不懈努力，持续改进，做到“质量永远领先一步”，靠质量领先赢得优势、引领市场、支撑发展。

“一滴油”的故事

中国石化下定决心除“四害”

2010 年 5 月，中国石化将质量事故、安全事故、不稳定事件、腐败案件并列中国石化面临的“四害”，提出了中国石化要强“三基”（基础工作、基层建设、基本功训练）、除“四害”的要求。

安全是企业的头等大事。围绕隐患排查治理、HSE管理等，开展各种专项检查，对查出的安全隐患，通过会议讲评、下发《整改通知单》等形式，及时落实整改措施，并对整改情况进行复查，保证生产安全。组织员工学习安全文化手册，切实提高职工的安全意识和应对突发事故的能力。

质量是企业的生命。在牢固树立“质量第一”观念的基础上，一方面全过程、全方位地进行质量隐患专项整治，实行全过程质量管理。一方面大力开展群众性的质量推进活动，以提升质量为主题，广泛发动职工群众积极开展质量QC攻关活动，确保出厂产品合格率100%的质量目标。

稳定是和谐的基础。定期召开稳定工作例会和职工思想动态分析会，准确把握职工的思想脉搏，有针对性地做好思想政治工作，把不稳定因素消灭在萌芽状态。定期深入基层、进家入户，采取谈心交流、走访慰问、阳光助学、特困救助等形式，及时了解和掌握职工群众的诉求和所思所想，形成了心齐、气顺、劲足、家和的氛围。

廉洁是党员干部的立身之本。把“反腐除害”专项整治活动融入生产经营的各个环节，通过组织党员领导干部参观廉政教育基地、廉政影视月等形式，营造“以廉为荣、以贪为耻”的廉政氛围。

一、管理体系　提供质量保障

质量管理体系涉及质量管理的各个方面，如质量管理组织体系、质量管理制度建设、质量管理工作责任、质量标准化建设、质量监督、品牌建设等，是中国石化保证“每一滴油”“品质永远领先一步”的保障。

中国石化质量管理工作实行“统一领导、分级管理、分工负责”的管理体制。中国石化的质量管理制度体系包括：一个制度和五个分办法，一个制度是《中国石化质量管理制度》，五个分办法是：《中国石化油田企业质量管理办法》、《中国石化炼油企业质量管理办法》、《中国石化化工企业质量管理办法》、《中国石化油品销售企业质量管理办法》和《中国石化工程企业质量管理办法》，还有《中国石化质量事故管理规定》、《中国石油化工股份有限公司石油与石油化工产品、油田企业采购物资质量监督抽查管理办法》、《中国石化年度经济责任制质量考核办法》。

通过持续建设，中国石化大部分企业建立健全了质量管理体系，开展了质量管理体系认证工作。其中，多数炼化企业依据ISO9001《质量管理体系要求》建立了质量管理体系，部分企业依据国家《实验室认可准则》、《实验室资质认定评审准则》开展了实验室认证认可工作。石油工程和炼化工程企业全部通过了质量管理体系认证。为强化质量监督，依托研究院和企业的力量，集团公司设立了14家中国石化质量监督检验机构，承担采购物资、成品油和化工产品质量监督抽查任务。为满足质量检验的需要，油田和炼化企业均设立了检验检测中心，油品销售系统在19家省（市）公司建立了A级质检室，工程建设管理部设立了石油化工工程质量监督总站和30个分站。目前，两级质检机构总体运行良好，质量技术监督的范围覆盖了上、中、下游和工程建设领域。

在不断提高产品质量和工程质量的同时，各业务板块更加重视提高服务质量，炼油事业部、化工事业部分别制定实施了《炼油产品客户服务管理办法》和《化工产品客户服务管理办法》，进一步规范了炼油和化工板块的服务流程。

此外，严把物资供应质量关，使得物资供应质量得到有效保证。物资供应系统坚持把安全供应放在首位，强化物资供应风险控制，实行供应商质量保障能力和业绩评价。2008~2009年，因质量问题共处理了79家供应商，其中对46家在集团公司内部进行通报批评，24家暂停交易资格，9家取消供应商资格。物资装备部编制完成了离心压缩机等19类重要设备制造过程验收检验大纲和石油地质专用管等9类重要物资的入库质量验收检验大纲。制定实施了《中国石化重要设备材料监造管理办法》、《中国石化油田助剂、炼化三剂技术要求》，进一步加强物资质量事前、事中和事后全过程控制能力。

二、质量文化　促进全员参与

提升质量，关键在人。做好质量工作，不仅是质量部门的责任，更是全体员工的共同责任。“品质永远领先一步”已被确定为中国石化的质量方针，营造人人重视质量、人人保证质量、人人提升质量的浓厚氛围，推动质量工作实现质的飞跃，推动质量文化入脑入心，不断强化全员质量意识，落实全员质量责任，推动全员参与质量工作。

除了全员参与外，要特别要牢固树立整体质量意识，上游企业要多为下游企业着想，上一环节要对下一环节负责，上道工序要对下道工序负责。只有采购、生产、储运、销售等各个环节都把好质量关，我们才能提供优质的产品。只有设计、采购、施工等各个环节都把好质量关，我们才能创建优质的工程。

“一滴油”的故事

让消费者用上放心油

一滴油从地下通过勘探开发、炼油厂炼制，运送到油库，再送达加油站，最后注入消费者汽车的油箱，需要经过怎样的旅程？

进货、取样、送样、质检、样品存放……经过严格苛刻的质量监管流程，一批批油品源源不断交给消费者使用。其中任何一个环节出现纰漏，都可能引起严重的质量事故。

第一道，采购关。例如，中国石化销售的油品有一部分来自中国石化以外的炼油厂。对这部分外采油品厂商，实行严格的资质审核，对于信誉等级差的供应商，坚决从采购名录中剔除。

第二道，入库关。公司专门编制了油品质检取样规程，从取样器及样品到取样部位及样品个数等，大大小小的取样规程多达 16 个。油品取样从“逐车取样”变为“逐车逐仓取样”，从源头上把好质量关。

第三道，送样关。在把样品送到质检站途中，为了杜绝样品“调包”现象，样品的送检过程有严格的管理规定。“样品放置在送检箱内，送检箱应施加铅封”，“油库安排专人送检”……建立了一套责任可追溯体系。

第四道，检测关。质检站独立行使质检职能，严格按京标Ⅳ地方标准进行检测，汽油检测指标达 20 项，柴油达 18 项。未经质检及质检不合格的油品严禁入库，合格的油品每周抽检。

第五道，确认关。过去，质检报告以文档形式从网上发给油库，现在则需扫描后传给油库，上面有质检站的印章、质检人的签字；质检人员需电话通知质检结果，谁通知的、什么时间通知的、通知的哪个项目、谁接的电话等都需要签字确认。油品质量管理是一项非常细致的工作，这其中的工序十分复杂，上一道工序为下一道工序服务，每一道工序都不能出纰漏。

三、职业道德　严守质量关口

中国石化以诚信立企，始终坚持“诚信规范、合作共赢”的经营理念，与以次充好、缺斤少两等各种侵害消费者利益的行为水火不容。全体员工持续加强职业道德修养，爱岗敬业，诚实守信，自觉担当起中国石化品牌形象的忠诚卫士。对于违背职业道德、损害公司形象和声誉的行为，要坚决做到发现一起查处一起，从严问责，绝不姑息。谁要砸中国石化的牌子，我们就砸谁的饭碗。从事油品和化工产品销售的同志，对外打交道多，诱惑多，陷阱也多，更要注重职业操守，老老实实做人，干干净净做事，自觉抵制各种诱惑，增强拒腐防变的能力，做到“产品卖出去，人员不进去”。要保证油品的质量特别是外采油品的质量，除了配备必要的检测设备和人员，更重要的是要靠销售系统每一个员工坚守诚信经营的道德底线。此外，非油品业务确定为中国石化的主营业务后，其中很重要的一条也是要坚持规范管理、诚信经营，严把商品质量关。

“一滴油”的故事

铭记质量责任，恪守职业道德

为配合302号罐汽油出厂，九江石化质管中心化验员于小玲早晨提前1小时就上班了，她和同事必须在8点之前完成油品锰、铅含量检测。她们分上、中、下三段采回样品，还增检了一个混合样。“以前每个罐只需检测一个样品，现在我们的工作量增加了几倍，但出厂油品的质量却更有保障了。”于小玲说。

“锰、铅含量是汽油的重要质量指标，锰超标很容易引发油品质量事件。”质管中心技术科章连荣告诉记者。作为油品检测和质量管理部门，九江石化质管中心严把出厂油品质量关。他们要求职工认真采集样品，按规定方法检测，如实上传数据，发现质量隐患立即汇报。“分段采样和分析更能保证样品的代表性，检测数据准确率也更高了。”章连荣解释。

一开完晨会，章连荣便打开电脑，登录实验室信息管理系统，查看上班次催化油浆固体含量检测数据，“又是4.0克/升”。8月中旬以来，章连荣发现每个班次的油浆固体含量指标都是4.0克/升，非常稳定。他认为，质量风险往往隐含在平稳的表象之下，数据越稳定，越容易让人麻痹大意，这时一定要提高警惕。他决定到固体含量分析岗位看一看，对数据进行核查，看看读数是否准确，离心管是否有问题，检测方法是否有改进的余地，把质量风险降到最低。

技术科科长李舜一进办公室，就倒了杯水灌进肚去。整个上午，他都在装置里忙着检查净化风管线，又闷又热又渴。由于质管中心刚迁至新的办公地点，色谱仪用净化风压力无法稳定在0.4兆帕，影响了仪器的正常运转。李舜带人沿风线一路查找原因，查看管线是否堵了，阀门是否关严了，终于解决了问题。“只有确保稳定压力的净化风，仪器才能正常运转，化验分析准确率才有保障。”李舜说。

就在两天前，质管中心干部职工在质量承诺墙上签下名字，表示要时刻铭记质量责任，恪守职业道德，把“每一滴油都是承诺”落到实处。那一天，他们庄严宣誓：每一个数据都是承诺！

第二节 HSE 在行动

关爱员工健康和生命，确保安全发展；奉献清洁能源，留下碧水蓝天是中国石化的不懈追求，是中国石化始终如一认真履行的责任。长期以来，中国石化始终坚持“安全第一、预防为主、全员动手、综合治理、改善环境、保护健康、科学管理、持续发展”的 HSE 方针，通过推广实施 HSE 管理体系并持续改进，有效控制了重大灾害事故的发生率和伤亡率，保护了员工的生命和健康，降低了对环境的污染，节约了能源和资源。

在“十一五”期间，集团公司在安全环保隐患治理方面，分板块、有重点地进行隐患治理，投资规模达 95 亿元。其中安全投资 75 亿元，环保投资 20 亿元。对 10 个炼化企业的污水处理场进行了设施密闭化及气体处理改造：实施了 80 多个厂区恶臭治理、污水处理技术改造项目；14 项装置区污水管网更新防渗措施；近 30 项固废减量、无害化处理项目。这些项目的实施，使厂区无组织排放初步得到控制，厂区及周边环境明显改善；污水处理水平得到提高。

“一滴油”的故事

中国石化 HSE 管理体系

现代石油石化生产技术的发展，一方面给人类带来了大量的财富和舒适的生活环境，另一方面由于火灾、爆炸、中毒等重大事故的频频发生，不仅给企业带来了高额的经济损失，也使石油石化产业长期处于高能耗、高污染、高破坏的境地。

HSE管理体系将健康、安全、环境融为一体，将企业追求最大利润的天性逐步变为保全生命质量、保护环境的持续利用与追逐利润并重，使企业的管理目标特别突出了人的健康、安全和环境保护。

中国石化通过HSE管理体系、管理体制以及应急救援体系等的建立和持续完善，为实现“每一滴油都安全环保”打下了坚实的基础。

经过数年的努力，中国石化集团公司于2001年2月8日正式发布了集团公司HSE管理体系标准，共10个标准，包括1个体系、4个规范和5个指南。

1个体系是指《中国石化集团公司安全、环境与健康（HSE）管理体系》。

4个规范是指《油田企业HSE管理规范》、《炼化企业HSE管理规范》、《施工企业HSE管理规范》、《销售企业HSE管理规范》。

5个指南是指《油田企业基层队HSE实施程序编制指南》、《炼油化工企业生产车间（装置）HSE实施程序编制指南》、《销售企业油库、加油站HSE实施程序编制指南》、《施工企业工程项目HSE实施程序编制指南》和《职能部门HSE职责实施计划编制指南》。

（一）HSE管理体系

中国石化十分重视健康、安全和环境（HSE）管理，并将其作为一个有机整体加以执行。该管理体系遵守以下主要原则：全员参与、重在预防、持续改进（形成计划→实施→检查→改进的闭环管理，即PDCA循环）、一体化管理。

（二）HSE管理体制

有了管理体系标准，还需要具体管理体制进行推进。从上

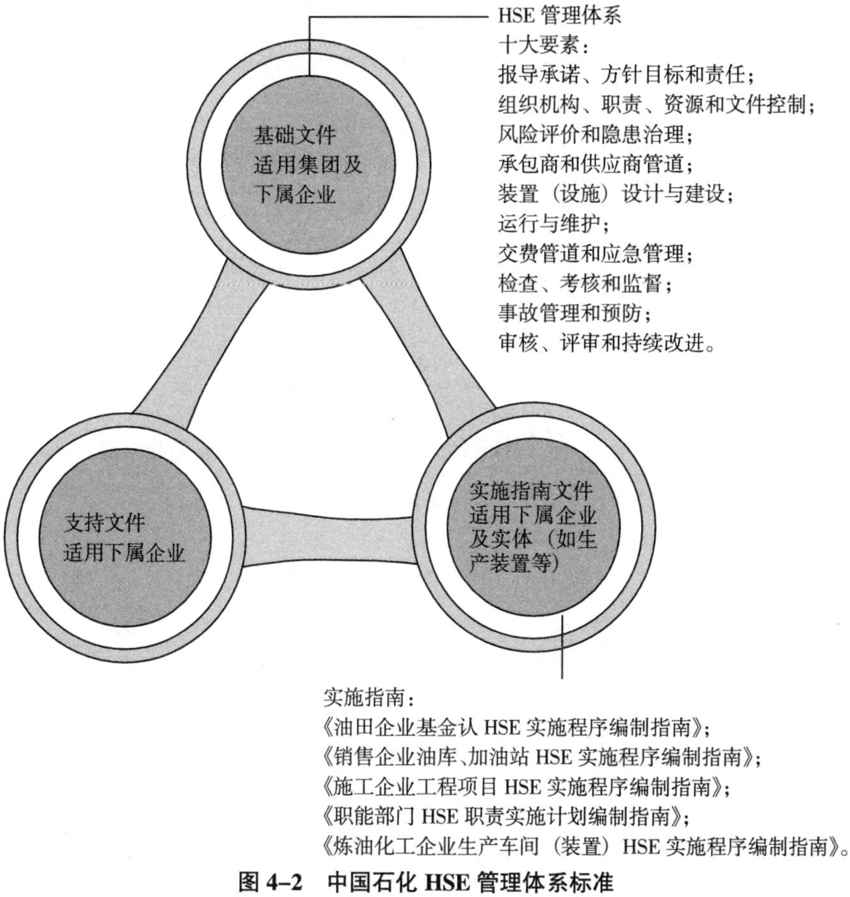

图 4-2 中国石化 HSE 管理体系标准

到下，中国石化 HSE 管理体制涵盖三级机构，即决策机构、归口管理机构和落实机构。

（三）应急救援体系

中国石化开展 HSE 行动，还特别注重应急管理工作，按照“全员、全过程、全方位、全天候”的管理原则，建立了从下到上、完整统一的应急管理指挥体系。各业务板块下属企业、分（子）公司成立相应的应急指挥体系。

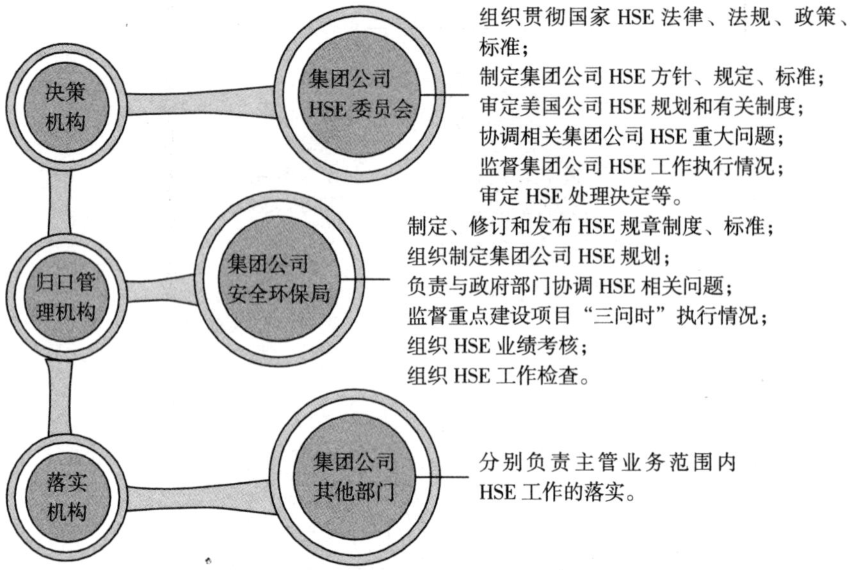

图 4-3　中国石化 HSE 管理体制

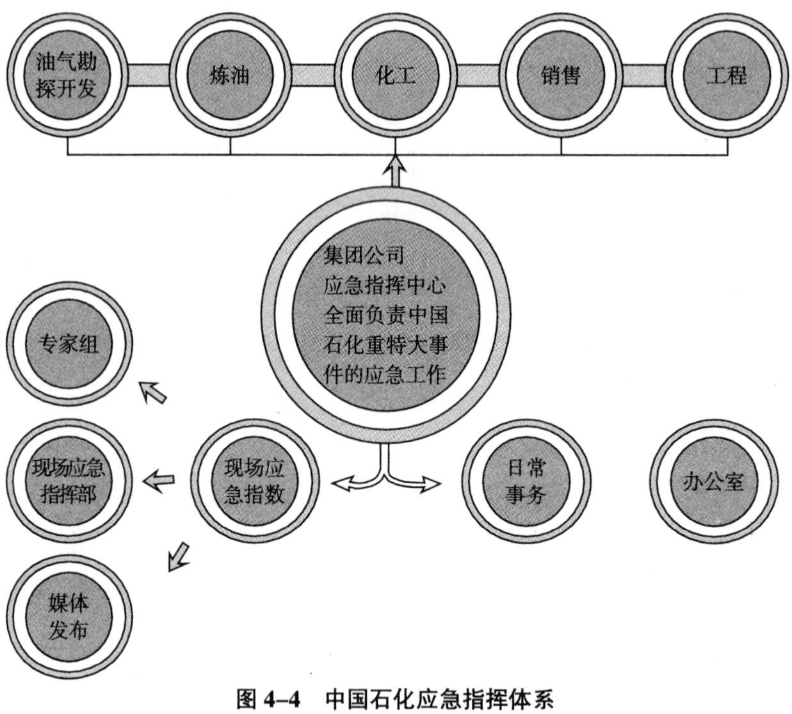

图 4-4　中国石化应急指挥体系

一、员工的健康是第一位的

HSE 是健康、安全和环境的英文缩写，其中，人的健康被放在第一位。

如果把安全事故看做流血的“红伤”，那么职业危害就是不流血的“白伤”。中国石化一贯高度重视职业卫生工作，时刻关注职工健康状况。一方面，积极改善治理作业环境和防护设施；另一方面，开展职业卫生管理和职工身体健康情况调查，构建完善的职业病防治体系。目前，“关爱职工，关注健康”的良好氛围在中国石化正逐渐形成。

1. 让作业环境安全无害

“有了这种便携式监测仪，进入装置操作，就像吃了一颗定心丸。一旦发生有害气体泄漏，我们会在第一时间发现。”茂名石化炼油分部一名巡检人员高兴地说。面对原油加工日益劣质化、重质化的状况，茂名石化本着“预防为主”的原则，除了为各个装置控制室配备硫化氢监测仪外，还为巡检职工配备了便携式监测仪，可以随时检测空气中硫化氢含量。该公司在一般有毒作业场所设置黄色区域警示线，在高毒作业场所设置红色区域警示线，为特殊岗位配置了洗眼器、酸碱防护服、空气呼吸器等特殊防护用品。

仪征化纤近两年组织实施了“化学分析室通风柜及排风系统改造项目”、“电厂球磨机噪声治理项目”、“增设安全喷淋洗眼器项目”、“液体空分噪声治理项目”等一批职业危害治理项目，改善了职工工作环境，保障了职工身心健康。

中国石化始终把预防工作放在首位，以职业健康监护管理为重点，严格监测和控制职业病危害因素。各企业积极开展职业病危害因素监测工作，在各装置建立职业病危害因素检测点，对粉尘、噪声、射线等定期进行检测，职业病危害因素检测基本实现全覆盖。

2. 职工强化自我保护意识

加强职业病的防控，最有效的莫过于让职工了解职业病知识、强化自我保护意识。中国石化积极开展职业病防治知识普及工作，让职工掌握职业卫生和职业病防治知识。如洛阳分公司印发《硫化氢的危害及防护》、《生产区域硫化氢分布分析》等，普及硫化氢危害识别、中毒预防和急救知识，组织开展预防硫化氢中毒知识系列培训，强化了全员预防硫化氢中毒意识，提高了防护技能。茂名石化分期分批对职工进行职业卫生知识培训，开展《职业病防治法》宣传周活动，邀请专家举办个人防护用品使用、危险化学品管理等有关知识讲座，编写职业卫生培训教材并购买相关图书供职工学习。

建立职工健康档案也是中国石化 HSE 工作的重点。天津石化投资数十万元用于体检楼的装修，为每名职工建立了健康档案。他们每年制定职业性健康体检计划，按照计划安排公司各作业部、二级单位的职业性健康体检工作，涵盖有毒有害岗位岗前、岗中、离岗职工职业健康体检，体检率达 100%。

中国石化坚持以人为本，更加注重职工心理健康。目前正稳步推进海外员工心理健康调研工作，设计了初步方案并对部分海外人员进行了访谈。在调研的基础上，集团公司对员工心理健康提出管理要求，在境外项目等重点区域开展心理健康干预的试点工作，保护员工身心健康。

3. 让职业病远离职工

“在 2011 年底前，各部门、各单位必须完成所有员工职业健康档案的建立和完善工作。强化落实硫化氢、苯、氨等高度职业危害因素防控措施，编制重大职业中毒防治指南。同时要加强劳动保护费用管理，积极推进全系统工服式样、色调和标志统一工作。”中国石化股份公司总裁王天普在 2011 年度 HSE 工作会议上强调。

2010 年 12 月中旬，在集团公司总部大楼一层举办劳保服装样品展，展示了新设计的油田、炼化、销售和工程建设板块的劳保服装。这些工服样式、色调和标志实现了统一，并具有很强的防静电、阻燃、防酸碱、抗油拒水等特殊防护功能。

为更有效地开展职业卫生隐患治理，健全职业健康技术支持保障体系，中国石化积极配合国家安监总局建设国家石油化工职业健康技术研究院。

“当前国有大中型企业、大型外资企业职业病防护意识较强，职业卫生条件有了较大改善。”国家安监总局职业安全健康监督管理司有关负责人表示。

作为国有特大型企业，中国石化更是其中的代表，职业健康工作不断加强，职业健康管理体系不断完善。“让职业病远离职工群众”在公司上下已经达成共识。

二、从“要我安全”到“我要安全”

石油石化工业是高危行业，具有高温高压、易燃易爆、有毒有害的特点，任何一项设备隐患、制度缺陷、工作疏忽或个人违章行为，都可能造成事故。同时，由于资产大、专业多、工种杂，加之连续作业和点多、面广、产业链长等特点，安全生产监管难度很大，防范事故任务艰巨。

近年来，随着中国石油和化工生产装置大型化发展和城市化建设进程的加快，企业安全生产和环保压力越来越大，责任也越来越重，安全生产逐步成为石油化工行业企业发展最基本的要求。作为中国石油化工行业的代表，中国石化始终坚持“安全第一、预防为主、综合治理”的安全生产方针，扎实开展“我要安全”主题活动，着力树立和强化全体员工“主动安全”意识。

在持续开展“我要安全”的活动中，中国石化总部成立了“我要安全”活动领导小组，制定了活动的具体实施方案。所属企业共举办“我要安全”专题演讲 1200 多场次，应急演练 4.8 万次，安全知识竞赛 1800 多场次，参加人数超过 44 万人次。组织开展“我要安全”DV 短片、小故事征集评选活动，并将优秀 DV 短片、小故事编辑下发基层班组学习。组织开展“安全生产月”宣传、冬季“百日安全无事故”竞赛等多种形式的活动。

通过开展“我要安全”主题活动，营造了“我要安全”的良好氛围，不但强化了广大员工的安全意识，更是将安全管理真正落实到日常工作之中，体现在每名员工的具体行动之上。自 2007 年 7 月颁布实施《安全生产禁令》到 2009 年在全系统开展“我要安全”系列活动，中国石化逐步实现了从“要我安全”到“我要安全”的理念转变，为使中国石化每一滴油都是安全环保的一滴油提供了保障。

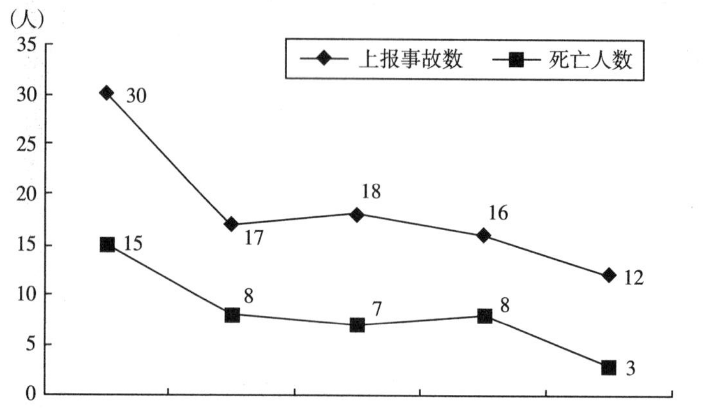

图 4–5　中国石化集团“十一五”期间安全生产情况

“一滴油”的故事

中国石油化工集团公司安全生产禁令（试行）

● 严禁在禁烟区域内吸烟、在岗饮酒，违者予以开除并解除劳动合同。

● 严禁高处作业不系安全带，违者予以开除并解除劳动合同。

● 严禁水上作业不按规定穿戴救生衣，违者予以开除并解除劳动合同。

● 严禁无操作证从事电气、起重、电气焊作业，违者予以开除并解除劳动合同。

● 严禁工作中无证或酒后驾驶机动车，违者予以开除并解除劳动合同。

● 严禁未经审批擅自决定钻开高含硫化氢油气层或进行试气作业，违者对直接负责人予以开除并解除劳动合同。

● 严禁违反操作规程进行用火、进入受限空间、临时用电作业，违者给予行政处分并离岗培训；造成后果的，予以开除并解除劳动合同。

● 严禁负责放射源、火工器材、井控坐岗的监护人员擅离岗位，违者给予行政处分并离岗培训；造成后果的，予以开除并解除劳动合同。

● 严禁危险化学品装卸人员擅离岗位，违者给予行政处分并离岗培训；造成后果的，予以开除并解除劳动合同。

● 严禁钻井、测录井、井下作业违反井控安全操作规程，违者给予行政处分并离岗培训；造成后果的，予以开除并解除劳动合同。

"一滴油"的故事

"三面镜子"照亮安全发展之路

江汉油田把安全生产放在首位，把"我要安全"活动具体化，用"放大镜"看待问题，用"显微镜"排查隐患，用"望远镜"制定措施，有效杜绝了安全环保事故的发生。

（一）用"放大镜"看待问题，做到"人人想安全"

2010年6月13日，江汉钻井公司运输大队大队长牛月华在施工过程中，发现员工从事吊装作业时不按标准戴安全帽，立即要求停止作业，并现场向员工讲明存在的危害。完工后，他专门组织召开现场分析会，动员员工讲述亲身经历，分析习惯性违章引发的安全事故，给员工留下深刻印象。员工纷纷表示，有些习惯一定要改过来，这也是对自己和家人负责。

该油田用"放大镜"看待问题，做到"人人想安全"。在安全生产责任制的落实上，层层签订《安全环保消防责任书》，员工人人签订《安全承诺书》，把安全任务指标分解到基层岗位。该油田还在公共场所、生产区域设立安全亲情提示警语牌，开展安全巡回讲演、趣味HSE运动会等安全文化特色活动，评比安全标兵、安全之星，将安全标兵的照片贴在公开栏上，通过电视、报纸、网站和户外广告、宣传栏等广为宣传，增强主题活动的文化辐射力和渗透力。

（二）用"显微镜"排查隐患，实现"人人会安全"

"现在有了移动炸药库，我终于能睡个安稳觉了！"江汉物探公司2215地震队警卫班管理员沈晓武这样说道。原来，此前江汉工区地震队野外施工用的炸药需寄存在地方弹药库内，安全管理不专业，警卫班人员总是提心吊胆。安全环保部门人员了解情况后，争取资金为前线地震队配备了移动炸药库，彻底消除了安全隐患，也解除了警卫班管理员的后顾之忧。这是江汉油田用“显微镜”排查隐患众多成果中的一项。

“看不出问题就是最大的问题。”为了及时消除安全隐患，该油田坚持每月三次安全检查制度，用“显微镜”原理做好安全隐患的排查工作。他们增加了安全检查的频次，相继开展了“我要安全”专项检查、井控安全检查等检查工作。油田自下而上采取安全检查分析表、工作危害分析表、隐患报告卡等形式开展隐患排查，逐级筛选、分类和处理；对隐患建档立卡，明确责任人、整改时间，实现了安全环保隐患从发现、确认到整改的闭合循环。2009 年，该油田累计投资 2470 万元，全面完成集团公司下达的隐患治理任务。

（三）用“望远镜”制定措施，确保“人人能安全”

“用制度约束人，用真情感动人。”在安全制度建设上，该油田巧用“望远镜”制定措施，确保“人人能安全”。在安全制度措施上，以 HSE 管理体系为主线，不断修订和完善各项安全制度。2010 年，该油田在继续推行安全工作例会、领导干部安全联系点等规章制度的同时，细化了专业安全生产禁令，出台了更具针对性、实用性和可操作性的钻井、井下作业、采油、油建、物探等 12 个专业的安全生产禁令。

油田各单位结合自身特点，细化安全生产制度，使各岗位、各工种做到有章可循；坚持开好班前 5 分钟安全会，讲清工作中存在的危害和防范措施，岗位工人在高风险施工作业前，进行危害分析；加大对隐患报告卡填报工作的奖惩力度，制定切实可行的防控措施，有效维护了企业生产和员工的生命安全。

三、既要效益“红”又要环境“绿”

“我活了80多年，还没见过生产不冒烟的烟囱，真是奇了，乙烯厂的环保做得真不错！”这是茂名乙烯厂区周边的一名村民在参观乙烯生产现场后的由衷感叹。

多年来，中国石化通过不断强化责任意识和忧患意识，积极采取结构调整、科技创新、资源优化、加强管理等一系列措施，大力推行清洁生产，扎实推进节能减排，取得了显著实效，为中国石化每一滴油都安全环保提供了保障。

中国石化坚持以结构调整为主线，不断推进规模化、集约化发展，促进能耗物耗大幅降低。曾有专家打了个十分形象的比方：要把上亿吨的原油“吃干榨尽”，需要石化企业有一副好“肠胃”。这副“肠胃”，就是炼化的工艺线路，简而言之就是优化的产业结构，这直接关系到企业资源利用率的高低。中国石化通过对重点企业实施产业结构调整和技术改造，促进了装置规模大型化和集约化，使企业产业结构不断优化升级，让旗下的子企业练就了一副“好肠胃”。2009年底，中国石化炼厂平均规模提高到747万吨/年，乙烯装置平均规模接近世界水平，资源利用率明显提高。累计关停落后炼油能力1620万吨/年，关停几十套小化工装置及小型燃油锅炉，优化调减油库500多座，进一步精干了主业，降低了综合能耗。

中国石化持续加大节能减排力度，增加投资，加强技术改造和升级，发展循环经济，不断推进节能减排工作取得新进展。在2005~2009年间节能减排项目共安排投资280亿元，实施节能减排项目877个，实现节约能源935万吨标准煤。油田板块重点安排了胜利油田煤代油工程、河南油田井楼油田低压蒸汽伴热系统改造工程、河南油田农用电分离改造工程等。分批次淘汰了落后的高能耗设备钻机81部，改造网电钻机42台，共应用网电钻机完井211

口，替代柴油 22169 吨。炼油板块投资 3.64 亿元，实施了九江石化等 73 个低温热利用项目；投资 9039 万元，完成了华北、西北等地区 74 项装置热联合供料项目；完成了 10 套减压深拔项目；共计投资 12.33 亿元，全面实施了“氢气资源优化、焦化吸收稳定配套、管道压烧原油、节水减排”等专项工作。化工板块重点推广应用乙烯裂解炉空气预热技术和乙烯裂解炉扭曲片强化传热技术，累计完成 85 台裂解炉的空气预热改造和 45 台裂解炉炉管的扭曲片改造。投资约 25 亿元，对 21 家企业自备电站实施了烟气脱硫，累计减排二氧化硫约 45 万吨。

中国石化坚持“减量化、再利用、资源化”原则，注重发挥上、中、下游一体化优势，不断优化资源利用，发展循环经济，提高资源利用效率和效益。

循环利用、变废为宝让中国石化旗下的不少企业都尝到了甜头。扬子石化高高的烟囱喷出的火焰，再也没有以往“壮观”了，火焰变小是因为现在产生的火炬气被回收，成了化工装置加热炉和热电厂的燃料。仅此一项，扬子石化 2009 年就增效 9600 万元。燕山石化燃烧了几十年的 8 支“火炬”已经熄灭了，而熄灭这 8 支火炬，每年可回收利用火炬气 20 万吨。

中国石化注重把节能减排与“三基”工作结合起来，通过抓基层、打基础、练内功，不断强化节能减排管理，制定实施《集团公司节能管理办法》等一系列管理制度，建立并完善了能耗统计指标体系、监测体系，促进了节能减排的科学、有序和规范管理。同时，中国石化高度重视节水工作，将节水指标纳入年度目标考核。加强建设项目节水“三同时”，优化供水、用水和排水系统。积极开发节水技术，化工系统节水减排成套技术已形成自有技术40 余项，申请国家专利 24 项，为节水减排取得明显成效提供了技术支撑。

中国石化节能减排的成效见图 4–6 和图 4–7。

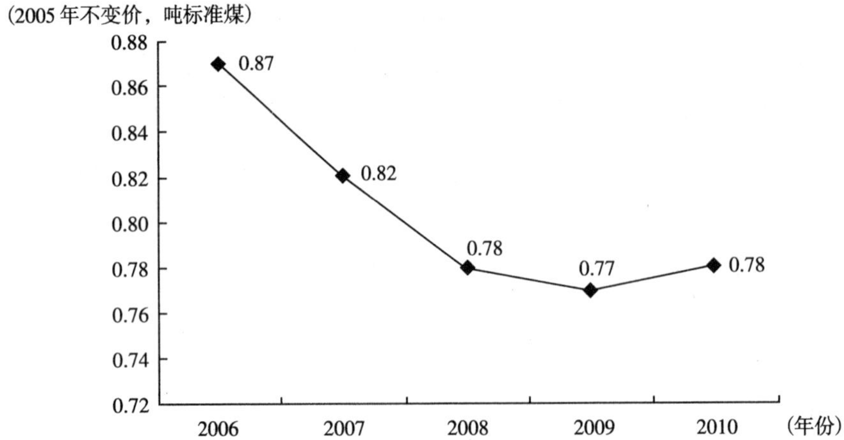

图 4-6　中国石化“十一五”期间万元产值综合能耗

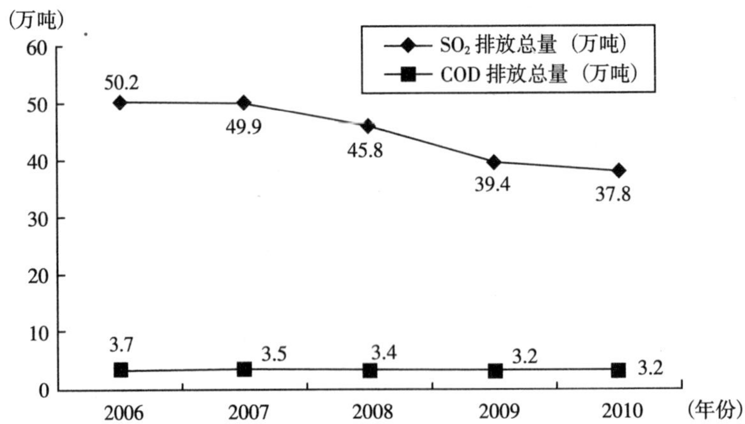

图 4-7　中国石化“十一五”期间 SO_2、COD 排放总量

第三节　科技引领

用“科技引领每一滴油”，力求多产一滴油、多增一滴油、不费一滴油，系统、科学地开发利用各种新能源和可再生能源，实现可持续发展。

中国石化成立后，始终坚持科技创新是实现可持续发展的“推进器”的方针，认为科技创新的主要任务，就是紧紧围绕公司主业需求，“立足拿到更多资源、生产更好产品、提供更优服务、创造更好效益”，为建设世界一流能源化工公司，努力提高原始创新、集成创新和引进消化吸收再创新能力，特别是在油气勘探开发、资源高效加工利用、新产品开发、节能减排以及减缓温室气体排放等方面，积极研发应用核心技术和关键技术，用“科技引领每一滴油”。

一、“十条龙”越舞越精彩

在 1991 年，当时的石化总公司提出把科研、设计、生产、设备制造、施工组织起来进行科技创新，叫做“一条龙”联合攻关。当时选择了 10 个联合攻关项目，被称为“十条龙”。后来每年入“龙”的项目越来越多，已经不止 10 个，但是“十条龙”的叫法却一直延续了下来，而且越叫越响。这种富有石化特色、行之有效的重大科技开发攻关的组织模式也在实践中不断完善和提高。如今，“十条龙”已成为中国石化重点项目科技开发攻关的代名词。

坚持“十条龙”攻关，就是对于带有共性、关键性和对集团公司发展具有战略意义的重大科技开发项目，把集团公司内部的科研、设计、设备制造、工程建设和生产应用等各方面的力量组织起来进行联合攻关。攻关中，各方紧密配合，拧成一股绳，形成一股合力，发挥整体优势，确保自主开发的技术以最快的速度实现工业转化，随后迅速大力推广。“十条龙”攻关坚持开发一批，转化一批，准备一批，滚动向前。从 1998 年集团公司成立至今，通过“十条龙”攻关，已先后开发出陆相隐蔽油气藏勘探、高含水油田提高采收率、水平井钻井、欠平衡井钻井、滩海石油工程、清洁汽柴油生产、渣油加氢处理、中压加氢改质、聚丙烯、聚酯、丙烯腈、乙苯/苯乙烯等一批重大技术，并实现了工业转化，有力地推动了石油石化产业的技术进步。

“十条龙”攻关的最大特点就是把科研、设计、生产、设备制造、工程建设等单位组织起来，联合攻关，将科技成果直接转化为效益。这一过程需要科研、设计、生产的通力合作，紧密配合，研究开发是基础，工程设计是桥梁，生产单位是依托。在这一模式下，中国石化可以协调系统内外的资源，由科研、设计施工、生产单位的“最佳组合”组成攻关小组，科研成果的转化有目标生产企业作为依托，科研院所提供技术，设计施工单位提供设计图纸并进行建设。进行攻关的项目与技术改造、新项目建设紧密结合，可以集中财力、物力、人力，直接用企业的装置来进行工业试验，并转化为直接生产力。

中国石化对“入龙”项目有严格要求：要具有较高的技术含量，能够形成专利或专有技术，达到国际先进的水平；要有一定的研究基础，已经掌握了一些单项技术，或者中间试验已经完成；要有市场需求，有工程依托，具有一定的工程工作量，需要科技、设计、生产力量的联合投入，项目实施后可带来明显的经济效益。

“十条龙”攻关突出成果转化，因此很多项目在攻关的过程中就见到了经济效益和社会效益。

创新是“十条龙”科技攻关的灵魂，也是“十条龙”保持常青的动力。“开发一批，转化一批，准备一批”的滚动发展方针，保证了“十条龙”攻关时刻跟随世界新技术的发展方向。而其创新的开发模式，又激发了科研、工程设计单位和企业的热情，使得水平越来越高的科研中试、先导成果汇集到“十条龙”的队伍中来。“十条龙”越舞越精彩。

表 4-1　中国石化获得国家科技进步奖的情况

奖项	2005 年	2006 年	2007 年	2008 年	2009 年
特等奖	—	—	1 项	—	—
一等奖	—	1 项	—	—	1 项
二等奖	9 项	8 项	4 项	8 项	10 项
三等奖	—	—	—	1 项	—

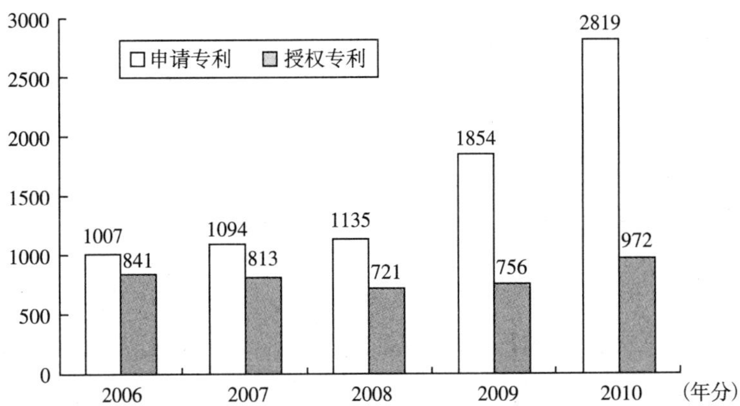

图 4-8　中国石化“十一五”期间国内专利申请和授权数量

二、科技助推　又好又快发展

中国石化要建设成为世界一流能源化工公司，要实现持续有效发展，必须立足于拿到更多资源、生产更好产品、提供更优服务、创造更好效益，进一步发挥科技创新的“推进器”作用，加快完善科技创新体制。为此，各个板块的发展目标都对企业的技术创新提出了更高的要求。

（一）增资源，科技创新提供强大动力

油田板块认真落实资源战略，优化勘探开发部署，加大海外勘探开发力度，这无疑对发展上游勘探开发技术提出了更高的要求。海外油气业务必须依靠科技进步，扩大商业性油气发现和迅速增加经济可采储量，优化勘探部署和施工组织，加快已有区块勘探开

发，实现储量、产量、效益快速增长。

随着中国石化国际化战略的推进，海外的石油工程服务在更大范围展开，为了加快信息化和标准化，必须大力强化技术创新和工程攻关，大力研发自有技术。

在加强油气勘探的同时，大幅度提升储量动用率、采收率、单井产量也是上游板块发展的重中之重，而这些，都将以发展技术、突破“瓶颈”为根本手段。

“一滴油”的故事

科技利剑铸就“川气东送”工程

川气出川，多少老一辈石油人壮志未酬的梦啊！中国石化在前人的基础上，不断创新勘探理论，终于让几代人的梦想成为现实。

无论是开发井钻井施工、常规测试，还是集输工程场站、管线建设；无论是净化厂建设的纷繁复杂，还是长输管道建设的穿山越岭，无数的国内空白考验着决策者的韬略和冷静，无数个难解的方程式磨砺着建设者的智慧和坚持。建设者以科学发展观为指导，积极探索、不断进取，突破了一个又一个“瓶颈”，形成了一整套酸性气田勘探开发、气体处理及大口径管道建设技术系列标准，彰显了智慧，彰显了力量。

川气东送工程是特大型、超复杂、高风险、高难度的系统工程，“川气东送”破解了高难度，化解了高风险，实现了我国首个超百亿立方米超深高酸性大气田的安全开发。具体而言，在积累开发同类气田经验方面，普光气田硫化氢和二氧化碳含量高，硫化氢平均含量15%，二氧化碳含量8%，地下压力通常在55.8兆帕，资源埋藏深，地质条件复杂，钻井施工中

"喷、漏、塌、卡、斜"现象比较严重。

针对超深高酸性气田勘探开发特点与难点，川气东送工程建立了一整套国际领先、覆盖全过程的51项开发建设、工程技术及安全环保标准体系，占领了世界开发超深高酸性气田的制高点。形成了优快钻井、复杂压力体系固井等超深高酸气田钻井配套技术，形成了工程设计、井控、耐蚀生产管柱、长井段延时起爆分段射孔、大型酸压等高酸气田投产作业配套技术，形成了高酸气田集输、净化工程设计、工艺管道焊接、系统分级应急联锁关断、大口径管道穿越等配套技术，形成了高酸性气田开发建设全过程硫化氢系统检测与安全防护技术等系列配套技术。

工程建设中，建设者克服重重困难，创造了一系列工程建设新指标。按照2009年底以前的统计，川气东送工程共创造62项新纪录和高指标，其中包括净化厂处理原料气能力最大、硫黄生产能力最大、双管悬索跨最长、长江定向穿越最长等世界之最，填补了国产合金油管下井操作和长输管道钢管、弯管全部实现国产化等3项国内空白，还创造国内纪录13项、行业纪录9项。

（二）拓市场，科技创新成为有力支撑

中游市场竞争十分激烈，必须进一步拓展市场，提高服务。

炼油板块技术创新是调整、优化产业链的最有力保障。为适应社会需求，从环保角度改良炼油技术，满足社会和客户需求十分必要。近年来，中国石化汽油选择性加氢脱硫技术、超低硫柴油加氢技术、高轻油收率重油裂化催化剂技术等，为提升油品质量、增产高附加值产品提供了有力技术支撑，也适应了社会进步的需求。

“一滴油”的故事

扬子石化以科技创新应对市场挑战

扬子石化塑料新产品开发取得累累硕果。高等级燃气管专用料开发获得国际权威的PE112等级论证，交联聚乙烯YEX-4901T等3个新牌号成功开发，氯化聚乙烯YEC-5505T等4个牌号进一步完善，汽车专用料YPJ1215C实现长周期连续生产。该公司连续多年推行的塑料新产品“生产一代、开发一代、储备一代”得到了完美体现。近三年来，扬子石化每年保持至少6个新产品的开发速度，目前，该公司开发的塑料新品已达48个，形成了具有扬子石化特色的塑料新品种系列，有效地抵御了市场风险，为企业创造了效益。

扬子石化是国内最大的塑料原料生产厂家之一，包括聚乙烯和聚丙烯在内，其生产能力已达每年100万吨。通过聚合工艺及助剂配方的研究，该公司可以生产出几乎覆盖塑料所有应用领域的专用料，特别是用于汽车、家电、电线电缆、建材和农业等领域的专用料。近年来，国内塑料原料生产能力迅速扩大，市场竞争激烈，尤其是2010年以来受国际金融危机影响，下游用户萎缩，塑料价格大幅下滑。但扬子石化在对市场的调查研究中也发现，能够满足各种专业需求的塑料专用料，其抵御市场风险的能力显然要比只能用做一般用途的通用料强，聚乙烯管材专用料1吨售价就比一般塑料高300元左右。该公司积极调整塑料生产结构，大力增产适应市场需求的高附加值产品，2010年在塑料生产总量同比减少7.53%的情况下，塑料专用料比例却提高了0.45个百分点，聚乙烯、聚丙烯高附加值新产品产量同比分别提高1.25%和51.17%。

为在变化多端的市场中及时调整产品结构，使产品升级换代，从而增强企业竞争力，扬子石化坚持进行科技创新。公司不断完善科技创新体系，将科研部门和生产厂紧密结合起来，形成了新产品开发从调查研究到确定课题，再从小试、中试到大生产试验的“一条龙”体系，每季度都召开专用料开发例会，组织有关单位一起总结工作、研究问题、部署任务，不断推动新产品开发工作。他们开发的聚合装置直接生产汽车保险杠专用料技术，产品性能达到了德国大众保险杠A级标准，通过了该公司质量标准认证，已在上海延锋—伟世通、一汽大众、天津华联、江南模塑等厂家进行了专用树脂保险杠加工成型试验，并在奥迪A6L、POLO、马自达6和标致307等多种车型上进行了推广应用。在此基础上，他们继续向汽车专用料高端领域进军，开展了汽车用高性能聚丙烯釜内合金制备技术研究，开发出具有自主知识产权的低成本高性能聚丙烯釜内合金化制备技术和绿色化复合应用技术，实现了高性能聚烯烃及其复合材料的规模化生产和在汽车上的应用，为汽车用高分子材料的可回收利用提供了保障。

化工板块的增产、增收、增效，重要保证就是推进新产品开发和产品结构调整，通过产、销、研结合，多产适销对路和高附加值产品。科技创新与市场相结合，针对市场的需要开发产品，最终打造企业和市场双赢的局面。

“一滴油”的故事

中国石化沥青铺上长安街

作为“中国第一路”，2009年8月11日深夜，雄伟肃穆的天安门城楼东侧路灯火通明，长安街十年来首次大修进入收尾阶段。十几台道路沥青摊铺机正在紧张作业，铺设从天安门城楼东侧至建国门地段的路面沥青。

此次铺上路面的改性沥青是中国石化“东海”牌沥青，齐鲁石化分公司生产，添加了巴陵石化分公司出品的沥青改性剂，其低温抗裂、防滑、减噪和抗车辙性能等方面均达到了国际领先水准，能够满足长安街国庆阅兵和日常交通的高要求，摊铺后道路的使用寿命可以延长至 15 年左右。

中国石化“东海”牌沥青曾经成功应用于上海 F1 国际赛道、“国门第一路”——首都机场高速公路、奥运“鸟巢”主场馆以及上海世博会中国馆的“迎宾道”。

（三）促转变，科技创新推动服务升级

随着营销理念、营销方式的不断更新，各企业在服务上树立了科技创新观念，加快了从“坐商”向“行商”、从“卖产品”向“卖服务”转变。在这一转变过程中，无论是技术服务理念的强化，还是技术服务队伍的培养，都要求企业要不断发展科技创新，为营销策略注入新的技术活力。

“一滴油”的故事

一卡在手，各地加油；加油消费，便利永久

面对信息化大潮，从人与人沟通的互联网，到正在全面推进的物与物沟通的物联网，作为中国最大的成品油产供销一体化的石油公司，以信息化带动工业化、信息化改造传统工艺和服务，中国石化一直在努力。

在发达国家，提高客户忠诚度的营销方式早已成为许多公司的核心市场策略，中国石化加油卡正在以方便客户、提高客

户忠诚度为出发点大力推广，促使营销升级。以加油卡取代传统现金、油票等结算方式，提高了加油站的管理水平和服务水平。

持卡加油，既提高了加油效率，也省去了找零钱的繁琐。现在持卡加油，是一种身份的象征，为广大消费者开启了“充值加油，便利永久”的油品消费新时代。

“充值进卡、持卡消费”的模式符合现代社会便利消费的趋势，在给消费者带来极大方便的同时，还能提高大家的消费质量，享受到中国石化“充足的数量、优质的油品、热情的服务、优美的环境、完善的保障”等品质服务。

一是用加油卡可以有效节省时间，直接刷卡，无须找零。

二是使用加油卡十分方便，可在遍布全国的近两万座中国石化加油卡联网加油站使用，实现了“一卡在手，各地加油”。

三是使用加油卡可以帮助企业客户进行“用油管理”，使企业管理者轻松对车队每辆车规范加油管理，准确掌握车队用油情况。

除此之外，中国石化还推出了全新的零售服务战略——“油中感谢”增值服务。“油中感谢”增值服务是在中国石化加油卡系统的基础上，以加油卡为载体向顾客提供增值服务。“油中感谢”增值服务活动的推出，使中国石化加油卡成为一种更富吸引力、更实惠的新型加油支付方式，也标志着中国石化营销理念的更新。目前，“刷卡加油”已经引领了成品油零售市场新潮流。

（四）节能减排，也必须依靠科技创新

科技不仅在上、下、中游的生产中发挥重要作用，节能减排中也必须依靠科技进步。中国石化坚持以技术进步为动力，打造环境

友好企业，通过研发新的生产工艺，提高资源、能源使用效率；通过开展环保科技攻关，加大污染治理力度，推动“三废”综合利用。近年来共实施节能降耗技改技措项目 1110 个，使一批先进实用技术和设备在生产经营中得到了广泛应用，取得了明显成效。

应对气候变化，走低碳发展之路也必须依靠科技创新。中国石化积极加强中长期低碳战略技术储备，增强未来低碳发展能力，拟重点研究开发的减缓温室气体排放技术包括：节能和提高能效技术，可再生能源和新能源技术，二氧化碳和甲烷等温室气体的排放控制与处置利用技术，生物与工程固碳技术，煤炭、石油和天然气清洁、高效开发和利用技术，二氧化碳捕集与封存技术，二氧化碳驱油技术，高纯度二氧化碳化工综合利用技术，利用微藻吸收二氧化碳制油技术等。

“一滴油”的故事

生物脱臭技术治理工业废气

在上海石化环保中心污水处理装置看到，两个高高的污水处理曝气池上，8 个宽 4 米、长 60 多米的黄色玻璃钢盖子把池子盖得严严实实的，污水曝气时发出的难闻异味，通过管道被抽到附近的一个生物脱臭设施，经过里面微生物的分解，排放出符合国家标准的气体。

通过一种特殊的工艺，农业生产中的植物废弃物不仅不会污染环境，反而能够以废治废“发挥余热”，担任环境保护的卫士。中国石化上海石化股份有限公司环境保护中心的专家把这些植物废弃物作成一种新型高效的生物“过滤栅”，然后通过对这个“栅”上的自有或接种的微生物的驯化、培养，形成适宜吸收和分解废气中有害物的优势菌种。污水处理装置散发出的异味气体，通过这个“过滤栅”时被上面的微生物分解，从而实现废气的无害化处理。此举标志着在采用新技术治理废气方面，上海石化已走在国内前列。

生物脱臭是国际上环保行业的一种发展趋势，与治理恶臭气体的焚烧、化学洗涤和活性炭吸附等常规方法相比，生物脱臭技术不仅具有工艺流程简单、操作方便、成本低廉等优点，而且选用的填料简单易得，可实现农业废物的综合利用和节省资源的消耗。

科技是第一生产力，是推动企业发展的软实力，科技的领先意味着可以拥有更多的市场、更多的资源。只有进一步发挥科技创新的“推进器”作用，提高企业技术创新能力，才能使企业更高效地发展，从而大踏步地向世界一流能源化工公司迈进。

第四节　精细管理

大力推进管理创新、技术创新和服务创新开展精细管理，增产增效、优化增效、降本增效。这是中国石化推行精细化管理的真实写照，始终重视倡导“精细”的管理理念，推行在生产上“精耕细作”、管理上“精雕细刻”、技术上“精益求精”、经营上“精打细算”的经营方略，逐步形成了现场三基管理、信息系统管理、财务集中管理、招投标集中采购等管理特点。

一、现场管理　强基固本

“三基”工作（基层建设、基础工作、基本功训练）起源于20世纪60年代大庆油田会战初期，经过石化企业在长期实践中的不断完善，已经成为中国石油石化企业生产现场管理独特的实践经验，成为我国石油石化企业的管理特色和优势。中国石化也把“三基”工作当成夯实管理基础、推进企业发展的“传家宝”。为加强“三基”工作，中国石化颁布实施了《“三基”工作指导意见》、《基层单位“三基”工作基本要求编制指引》以及各业务板块的“三基”工作基本要求系列标准，推动三基工作步入更加规范化、制度化的轨道。同时，通过召开经验交流会、现场观摩会，组织评比竞赛、加强检查考核等方式，促进了“三基”工作经验的推广。中国石化已形成系统的“三基”工作体系，包括活动载体创新、标准制度创新、考核评价创新、培训方式创新等，涵盖基层班子建设、班组建设、作业程序管理、现场管理、经济核算、巡回检查、考核检查、技能培训等方方面面。如镇海炼化分公司开展“班组长论坛”，搭建管理平台，不断提高班组长的素质和管理能力。以“打造责任班组长”为载体，组织开展效能监察活动，努力打造思想素质高、管理能力强、技术水平高、工作干劲足的责任班组长。以“安康杯”竞赛活动为载体，积极开展技术分析进班组活动，不断提高班组安全管理水平。

精细化管理更是贯穿于安全环保管理的方方面面。首先是管理组织精细化，从总部到直属企业都设立了安委会、专门的安全环保机构，配备了专职安全环保工作人员，班组配备了兼职安全员，从上到下形成了完善的安全环保监督管理网络；其次是管理方式精细化，各企业都建立了安全生产一岗一责制和安全生产承诺制，层层签订安全环保责任状，将安全环保责任落实到每一个岗位、每一名员工；最后是管理内容精细化，如安全检查中专项安全检查包括季节性检查、节日前检查和专业性安全检查等。季节性检查是根据各季节特点开展的专项检查。春季安全大检查以防雷、防静电、防解冻跑损为重点，夏季的安全大检查以防高温为重点。

中国石化把装置达标作为基层管理的常态工作。以节能减排为突破口，控制能耗、物耗等基础技术经济指标，组织开展了以“优化运营、提升精细管理水平”为主要内容的技术管理服务，整合系统内的专家资源，按不同专业组成总流程优化、公用工程优化、节能优化和装置优化等技术服务小组，深入企业开展优化挖潜、节能减排服务活动。

二、信息管理 搭建平台

当您驾着爱车，从高速公路到市内繁华地段的中国石化加油站加油，都可以使用加油卡支付，十分方便快捷。一张小小加油卡，成为体现中国石化信息化发展的缩影。中国石化坚持信息化强企的理念，经过几年的信息化建设，已经基本建成了 ERP 系统、资金集中系统、生产营运指挥系统、供应链系统、物资采购电子商务系统、加油 IC 卡系统、OA 系统等，以及与企业生产直接相关的油田油藏数值模拟、炼化生产装置先进控制（APC）等各类系统。目前，先进信息技术已经广泛应用到勘探开发、资源配置、炼化生产、市场营销、物资采购、财务信息、内部管理等各个环节，极大地提高了中国石化的技术水平和运行效率，增强了市场应变力和内部控制力。

中国石化以 ERP 为主线的信息化工作从建设转向全面应用，至今已渗透到企业管理的最深处，创造了实实在在的效益。主要表现在：一是 ERP 的应用使企业经营管理模式发生根本性改变。ERP 实施后，企业物流、资金流、信息流“三流合一”，生产经营流程得以优化，实现了财务“一本账”、物资“一个库”，规范化、精细化管理能力大幅提升，效益明显提高。二是以流程工业模型系统（PIMS）、成品油二次物流等为代表的供应链系统的应用，使生产经营科学管理能力大为提升。三是自主研发的中国石化生产执行系统（SMES）的应用，促进了炼化企业生产的精细化管理水平。

看得见的是数字，看不见的是企业长远的社会价值。通过信息化，不仅保障了成品油供应，还确保了安全生产，支持了节能减排。

在决策层面，总部数据仓库平台可提供运营信息、数据分析及决策支持功能，使管理决策科学又迅速。

在经管层面，信息化提高了企业的随机应变能力，实现物流、资金流、信息流“三流合一”，经营、物流、资金、资产、费用、投资“六个管住”。

曹妃甸原油码头工人们有条不紊地装卸货物，宿州油库装油车在电子提单系统下快捷地提油，中国石化 3 艘油轮正缓缓驶向太平洋……走进中国石化生产经营调度中心，长达 20 多米大屏幕上显示着中国石化在全球各地的生产及业务情况。通过信息系统的应用，实现了油气资源优化配置，动态实时监控生产过程、装置运行、物流配送、库存、产品销售……实现了上、中、下游，产、供、销物流配送的资源集中管理和实时运营指挥。

以前，成本核算只能到产品，无法再细化下去。运用 ERP 系统后，产品的成本核算可细化到牌号。此项功能使燕山石化合成橡胶产品的售价比同类企业每吨高出上千元。用燕山石化总工程师华炜的话说，“公司的生产经营有了全面支撑”。

在操作执行层面，信息化极大提高了企业自动化水平，油气勘探开发、生产调度、物流配送、市场营销等各个方面的工作效率得到大幅提升。

在广东黄埔油库，运输公司驾驶员庄瑞军用卡在油库机器上轻轻一刷，一张记录发油平台密码的小票就出来了。庄瑞军拿着小票，按照标示将加油管放入槽车中，输入密码，成品油就听话地流进了油罐车。整个过程如同在银行自动取款机取钱一样准确便捷。

“过去油库光开票员就有10多个，还忙不过来，是‘电子提单系统’实现了生产过程自动化。”广东石油仓储中心负责人如数家珍般地谈起自助提油的好处，“‘电子提单系统’每年还为广东石油节省了几十万元的纸张费用。”

信息化还拉近了企业和市场、企业和用户的距离，将国内外市场尽收眼底。

鞍钢是中国石化的物资供应商。他们通过电子商务网可以提前了解中国石化的采购需求。“通过电子商务网可以拉近我们鞍钢和中国石化的距离，也为我们战略合作伙伴关系向纵深发展奠定了基础。”鞍钢负责人高兴地说。

“随风潜入夜，润物细无声。”信息化就像春雨一样悄然改变着企业。近年来，集团公司借助信息化推进管理升级，提升传统产业，以ERP为主线的信息化建设和应用一定能在堵塞漏洞、加强管理、支撑改革、降本增效、转变观念等方面发挥出更大的作用。

三、集中采购　降本增效

为增强自身物资保障能力和议价能力，多年来，中国石化坚定不移地执行物资集中采购规模政策。通过物资集中采购业务，一方面充分发挥了集团的整体优势，规范了管理，降低了成本，提升了效率；另一方面，推动了石化装备制造业的发展，加快了装备和产品结构调整及技术进步，为自身工程建设培育了一批具有国际水平的战略供应商，极大地促进了包括中国第二重型机械集团、第一重型机械集团、沈阳鼓风机（集团）有限公司、无锡压缩机厂、大连橡胶塑料机械股份有限公司、杭州杭氧股份公司、甘肃蓝科石化高新装备股份有限公司、浙江中控技术股份有限公司等在内的一批国内装备制造企业的技术提升，为提高民族装备制造水平做出了突出贡献。

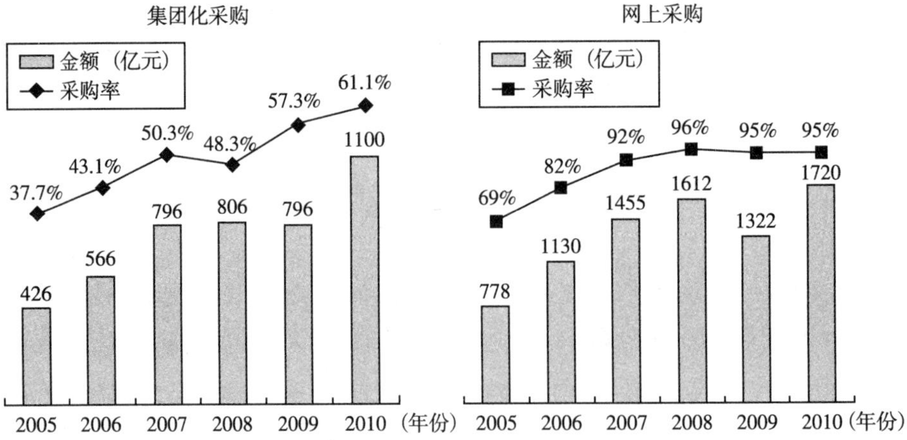

图 4–9　中国石化集团化采购和网上采购情况

中国石化集中采购包括总部和企业两个层面。在总部采购层面，中国石化不断推进总部集中采购向战略采购和框架协议采购转化。在战略采购方面，中国石化通过与大型公司签订长期战略合作协议，进一步加强了与战略供应商之间“互信、互利、双赢”的合作，有力地保障了战略物资的安全稳定供应和低成本供应；在框架协议采购方面，中国石化 90%的电器专业日常需求、28 个品种的油田化学剂和 53 个品种的炼化三剂都实现了框架协议采购，提升了工作效率，降低了采购成本。在与重汽集团、徐工集团分别签订油田车辆、工程机械标准技术协议中，中国石化通过联合谈判，框架协议价格比市场价格下降了 2%~5%。在企业采购层面，中国石化为充分发挥企业层面的优势和积极性，累计组建了 14 个授权集中采购中心，涉及物资品种 20 个。通过授权集中采购，一方面充分调动了企业参与采购决策的积极性；另一方面进一步集合了企业需求，形成了批量优势，极大地改变了企业分散对外、效率低下的局面，很好地解决了以往“同一供应商在中国石化不同企业销售价格不同”的问题，采购价格均大幅降低。

四、财务管理　精益求精

中国石化强化以集中统一为目标的财务管理，实现精细化理财，主要体现在以下四个方面：

一是坚持全面预算管理。中国石化逐步形成了以集团战略目标为导向、以财务资源配置最优化为目标、以业务预算为基础、以经济分析活动为载体的“全方位、全过程、全员参与”的具有中国石化特点的“三全式”全面预算管理运行机制。建立健全了全面预算管理体系和运行机制，不断增强预算的监控作用。例如，镇海炼化做到每月进行六轮测算，即预讨论后测算、生产经营方案修改后测算、生产计划确定后测算、实际发生采购销售后测算、预计生产销售情况后测算、生产销售全部实现后测算，通过六轮利润测算不断优化月度生产经营方案，调整产品结构，确保月度利润指标完成。其实质是对生产经营方案进行调整—优化—再调整—再优化的过程。

二是加强成本分析与控制。中国石化逐步建立了“分级管理、标准统一、流程严密、监督有力”的会计核算运行机制，以强化生产过程中的成本控制为核心，以经济分析活动为载体，将财务指标直接引入生产过程，从分析生产消耗入手，以产品生产过程为主线，通过分析工作量、实物消耗量的变化和原因，把生产指标变化直接反映到经济指标上，及时发现生产过程中存在的问题，找出管理上的薄弱点、效益上的易失点，增强了生产过程的优化和控制能力。

中国石化每月开展经济活动分析工作，推动了生产运行与经营管理的融合，强化了生产全过程的成本控制。下属企业开展单耗指标对比、成本动因分析、“工序成本管理法”、“零缺陷管理法”等行之有效的成本控制办法，形成了全过程、全员参加的分析管理系统。如江苏油田在产量、油水井数和工作量持续上升的情况下，推行油藏管理精雕细刻、生产管理精耕细作、成本管理精打细算、队伍管理精益求精的管理理念，操作成本连续5年控制在完全成本的30%左右，ROCE、吨油利润率处于中国石化上游板块领先水平。例如，茂名石化乙烯颗粒料包装所用外膜厚度全部为18丝，这是行业的多年惯例，然而茂名石化人却感到这里面蕴藏着降本潜力。经过无数次试验，发现只要控制好热合温度，将外包装膜厚度减小一丝，同样可以保证包装质量，并最终将包装膜厚度由原来的18丝减为17丝。"一丝之差"一年就可以降低成本约600万元。

三是推进资金集中管理。中国石化建立起了监管到位、集中适度、安全高效运转的"五统一"（即统一筹资管理、统一资金运作、统一账户管理、统一资金监管、统一担保管理）资金管理运行机制。将资金集中调剂使用，降低了公司资金存量，提高了资金的使用效率和效益。单就每天上收企业沉淀资金集中还贷一项，每年就可节约财务费用上亿元。

中国石化资金集中管理的核心是资金集中管理信息网络系统（如图4-10）。资金集中管理信息网络系统是中国石化部分自主研发的资金管理系统，该系统通过强化收支两条线管理，采用总分账户的方式，与境内外银行建立直联，实现资金集中支付和统一管理，努力为收支集中控制、资金统筹运作、筹融资集中管理、内部结算封闭运行、最大化资金调控能力、提高资金使用效率、降低财务风险等提供技术手段和管理条件。

四是构建以内部控制为基础的风险管控模式。中国石化建立内部控制体系，编制《内部控制手册》，内容涵盖采购、销售、资金、资本支出、成本费用、生产运行、安全环保等各项生产经营活动，共设置18大类59个业务控制流程，配套设置各类业务的权限指引，明确检查评价办法，充分利用IT技术实现自动控制161个控

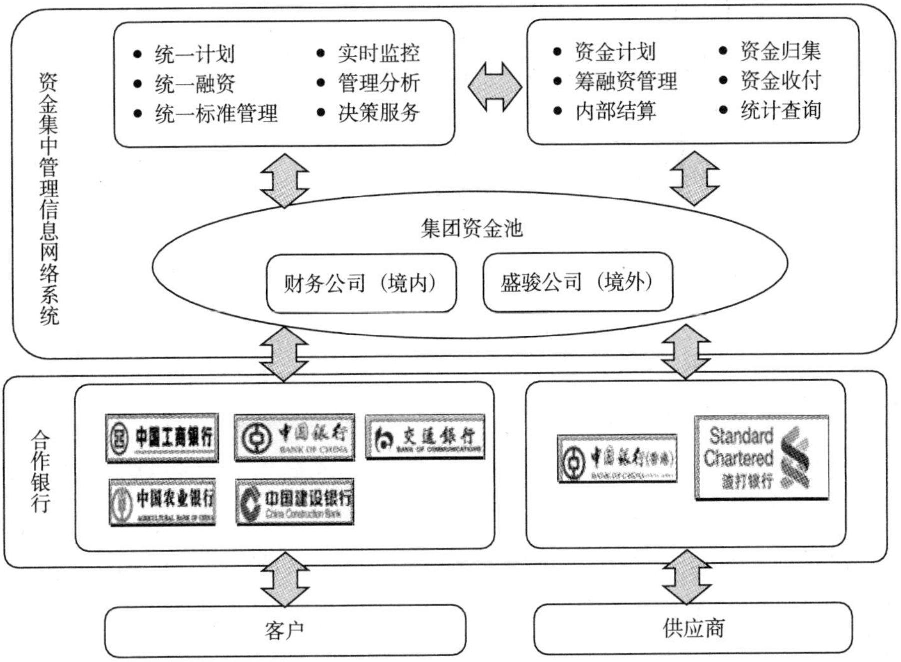

图 4-10　中国石化资金集中管理信息网络系统

制点。通过实施内部控制，各项专业管理得到加强。

第五节　油水不相容

“油”和“水”虽然同为液体，但它们却是不能够融合在一起的。对于中国石化来说，正如自然界中的“油水不相容”，违法违规行为和腐败行为在中国石化没有“立锥之地”，守法合规和廉洁从业是中国石化提倡和要求各单位以及相关人员所应该具有和坚持的行为方式。为此，“油水不相容”就成为中国石化履行社会责任的重要议题。

一、遵纪守法　合规经营

企业社会责任是特定的经济和社会条件对企业的客观要求，是指企业应当守法、“做好自己”及在此基础上对利益相关各方和社会自愿承担道德义务。实现企业社会责任的关键在于强化企业的守法责任。

2008年1月4日，国务院国资委发布首份中央企业履行社会责任指导意见，率先从八个方面对央企履行社会责任提出要求，第一条便是自觉遵守法律规范。国资委认为这是央企必须履行的社会责任。

中国石化是一家致力于履行社会责任的国有特大型企业，更应该作为守法合规企业的表率，而企业法律事务工作在其中发挥着重要的作用。

“一滴油”的故事

中国石化守法合规的具体措施

（一）建立健全企业总法律顾问制度

2002年12月，中国石化率先参加全国企业总法律顾问制度试点，2003~2005年间，中国石化在全系统全面推行和落实企业总法律顾问制度，构建起从主要负责人—总法律顾问—法律事务机构—法律顾问的法律事务工作组织体系和制度体系。为全面落实企业总法律顾问制度，中国石化先后制定《中国石化法律顾问制度实施办法》、《关于加快推进企业总法律顾问制度建设的通知》、《中国石油化工集团公司落实中央企业法制工作三年目标工作计划》等系列文件，提出企业总法律顾问岗位到位、法律顾问机构到位和总法律顾问职责到位。制定出台合同管理、法律纠纷管理、授权管理、商标管理、证据管理、清理整顿对外投资和多种经营等法律工作制度、实施细则、规范、流程等40多项，法律事务管理逐步走向制度化、标准化，在依法治企实践中做到有规可循、有章可依。全系统1300余名法律事务人员，广泛参与企业重大决策、合同管理、纠纷诉讼、项目谈判、知识产权保护、工商登记、打假维权等工作，服从服务于生产经营建设、发展改革稳定，切实履行社会责任以及出资人赋予的职责，积极提供不可逾越、不可替代、不可或缺的全过程法律增值服务，全面防控法律风险。

（二）加强守法合规意识养成教育

中国石化把法制宣传教育纳入年度总体目标任务和经济责任制考核，纳入年度培训计划和财务预算，作为社会责任管理体系的重要内容来抓。“五五”普法期间，坚持每年突出一个主题，开展企业社会责任相关的法律法规宣传教育活动。2007年，开展油区治安秩序整治涉及法律法规宣传教育活动，为实现确保国家油气资源、设施和生产安全，确保人民群众生命健康安全的目标发挥了应有作用。2008年，学习和宣传《节约能源法》等近30部法律法规和中国石化管理制度，加深对节能减排的认知和理解。2009年，把关爱人民生命健康、保护自然环境、落实安全生产责任作为重点，学习和宣传安全生产方面的法律4部、行政法规11部、部门规章5部以及中国石化的管理制度66项。2010年，把与企业社会责任密切相关的《就业促进法》等作为重点，学习、宣传了15部法律和5部行政法规。

（三）让“每一滴油都是承诺”落实到合同中

树立“守法、合规、诚信、公平”的合同管理理念，让

“每一滴油都是承诺”落实到合同中。在对外交易活动中始终做到主体合法、内容合法、形式合法和程序合法，合同条款齐备，权利义务具体明确，维护国家市场经济秩序和公平交易规则；并从合同准备、签订、履行到终结的全过程贯彻这一理念，领导决策层、合同主办部门、业务承办部门以及合同执行层的普通员工依据不同的职责分工，把“守法合规经营”的理念刻在脑海中，渗透到实际工作中，落实到每一个环节、每一个流程、每一个履行职责及行使权利的行为之中。执行国家合同管理各项法律、法规，在市场交易中充分尊重、维护合同相对方的合法权益。规范具体合同行为，程序公开、公平，内容合法、合规。无论是大型项目招投标、还是重大投资、收购行为，都是在公开、公平、公正的平台上开展各项交易活动，使合同业务操作始终处于“阳光地带”，坚持在合同中附加廉洁经营条款。

（四）依法维护企业的形象和权益

依法使用商标，培育中国石化品牌形象，保证使用中国石化商标所提供的商品和服务，质优量足价实，名实相符。依法保护商标专用权，坚持商标打假维权。多年来，投入大量人力、物力和财力，建立健全企业打假维权长效机制，协助政府机关和司法机关打击假冒、仿冒中国石化商标的侵权行为，取缔假冒加油站，销毁假冒商品，既为企业自身正名，更维护了广大消费者的合法权益，有效净化了市场。严格遵守有关产品质量和消费者权益的法律法规，把产品质量放在首位，为消费者提供最大价值的服务，最大限度地维护消费者的利益。严格遵守《反垄断法》、《反不正当竞争法》等法律法规，开展良性竞争，维护市场秩序，尊重同行企业，重视消费者的诉求。建立多层次、多元化的纠纷管理机制，落实和加强发案单位负责制，重大案件月度动态上报，完善授权方式和过程管理，做到全程跟踪，关键环节受控，确保案件得到妥善处理，依法维护企业合法权益。

二、以廉为荣 以贪为耻

正如自然界中的“油水不相容”，对于中国石化来说，腐败行为在中国石化没有“立锥之地”，廉洁从业是中国石化提倡和要求各单位以及相关人员所应该具有和坚持的行为方式。中国石化将反腐倡廉工作看做一项“关爱工程”，按照“从正面抓、从上面抓、从源头抓”和“抓源头、抓重点、抓关键、抓惩处”的方针，通过积极推进廉洁文化建设和加强法律体系建设不断实现反腐倡廉工作的向深度和广度发展，将“诚信、崇廉、律己、敬业”的廉洁文化理念深入生产经营和内部控制中。

“一滴油”的故事

中国石化廉洁文化建设与“六进活动”

廉洁文化是现代企业文化的一个重要组成部分，是廉政建设与文化建设相结合的产物，是保证企业健康有序发展的基础，是新时期实施反腐倡廉战略治理商业贿赂行为的有力措施和抓手，是促进党风廉政建设构建和谐企业的有效途径。

公司认真开展廉洁文化进班子、进机关、进合同、进基层、进社区、进家庭的“六进”活动，营造春风化雨式、充满人情味的文化氛围。

一是廉洁文化“进班子”。党组成员带头公开承诺，决不利用职权和职务影响谋取私利，决不允许亲朋好友打着旗号在企业或部门“办事”。同时，严格要求各级领导干部，一定要始终保持廉洁从业，始终做到心不贪、手不伸。这种一级抓一级、一级做给一级看、一级带着一级干的做法，增强了反腐倡廉的影响力和说服力。一些单位党政领导带头参加反腐倡廉教育学习，带头上廉政党课，带头撰写理论文章，带队参观警示教育基地，发挥了很好的表率作用。

二是廉洁文化“进机关”。加强机关反腐倡廉建设，一些单位通过在机关设置廉洁教育橱窗、在电子显示屏上滚动播出廉洁提醒字幕，在办公室摆放廉洁从业桌卡、统一设置廉洁提示计算机屏保等形式，切实加强机关干部廉洁从业教育。通过签订《廉洁从业责任书》、举行廉洁从业承诺签字仪式、开展转变机关作风主题活动等形式，树立机关良好形象。

三是坚持廉洁文化“进基层”。各单位层层落实廉洁文化建设目标，发动职工、组织职工，廉洁文化建设向队站、班组延伸。河南油田、江汉油田、川维厂等单位通过开展廉洁文化格言警句、书画作品征集活动，丰富廉洁文化建设内容。江苏油田选取6个处级单位作为联系点，分别确立个性化创建主题，推进廉洁文化建设。上海海洋石油局深入开展廉洁文化“进平台、进船队”活动，把廉洁文化延伸到每一条平台和船舶。安庆石化开展“会前十分钟倡廉主题宣讲活动”，发动职工群众广泛参与。四建公司、长岭炼化、销售川渝分公司等单位通过发送廉洁短信等方式，创新廉洁文化载体。九江石化等单位通过开展廉洁文化成果展、理论研讨等活动，廉洁文化建设不断深入。销售系统开展“五个一”活动，深化廉洁文化建设。广东石油着手推广加油站站长品德跟踪档案，增强基层一线重点岗位人员的自律意识。贵州石油结合打造“精品贵州”

活动开展廉洁文化建设，让廉洁从业、优质服务理念深入人心。江苏石油、河南石油等单位在基层油库、加油站大力宣传廉洁理念，加强经营纪律执行情况督察，树立了企业良好形象。

四是坚持廉洁文化“进合同（项目）”，规范从业行为。严格落实签订廉洁从业责任书制度，2007年初，集团公司制定下发了《签订廉洁从业责任书的规定》，要求各单位在从事工程建设、物资采购、产品销售、产权交易等对外交易活动的同时，必须与对方签订《廉洁从业责任书》（国外企业签订《廉洁从业协议书》）。

五是廉洁文化“进社区”。各单位加大了廉洁文化建设投入，建设了一批廉洁文化“街、廊、亭、室”，社区廉洁文化景观既富有时代气息，又有浓厚的文化氛围。深入社区开展形式多样的廉洁文化活动，通过小品、歌舞等群众喜闻乐见的形式，使廉洁文化进入千家万户。积极调动社区居民广泛参与，组织社区居民开展廉洁文化创建活动。

六是坚持廉洁文化“进家庭”。各单位通过加强家庭成员的反腐倡廉教育，形成共建廉洁的良好氛围。单位通过组织干部配偶参观反腐倡廉教育基地，开展家庭助廉活动征文、节日期间廉洁提醒等形式，努力营造家庭助廉的良好氛围。发放“亲情助廉信”、“家庭助廉倡议书”、“家庭助廉教育光盘”等形式，巴陵石化通过组织干部家属签订“廉洁共保责任书”，筑牢家庭关爱防线。开展离退休人员为子女“谈一次话、写一封廉洁信、提一句忠告”活动，发挥老同志在廉洁家庭建设中的重要作用。编印了《“廉助手、廉管家、廉内助”风采录》，大力宣传家庭助廉的先进事迹。聘请了一批家庭廉政监督员，组织开展“廉洁文明家庭”创建活动。

第五章 每一滴油都是承诺：升华

一滴油的升华，是中国石化社会责任的精华所在。保障能源安全是我们的光荣和梦想；关爱员工是企业发展的内生要求，员工的贡献也是企业发展的基础；推进节能减排，倡导低碳发展，是对地球母亲的回报；推进国产化，给力中国民族装备制造业，注重伙伴关系，让彼此在支撑与奉献中互利共赢；责任因为爱，大灾大难献大爱。

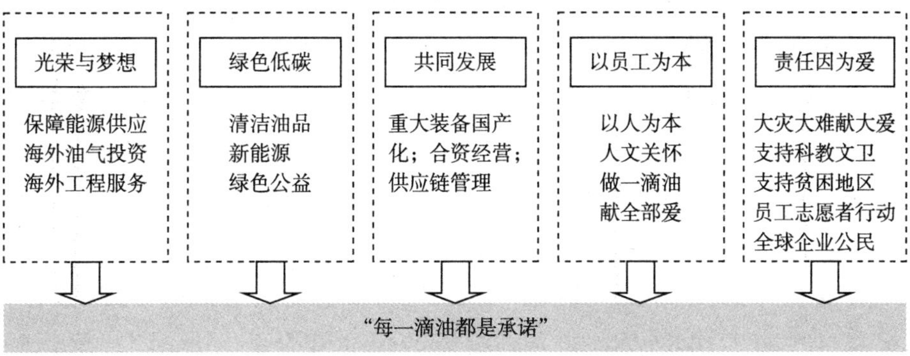

图 5-1 “每一滴油都是承诺”的升华

第一节 光荣与梦想

翻开新中国 60 多年的历史画卷，石油工业的发展历程波澜壮阔，光荣与梦想同在。20 世纪随着大庆、胜利、江汉等几大油田相继开发，中国甩掉了“贫油国”的帽子，不断扩大油气版图、垦土拓荒、精雕细刻，开拓进取，中国石化始终将保障能源供应作为“一滴油的光荣与梦想”。

一、保障能源供应

“石油是工业的血液”，离开石油的工业就像人没有了血液，油气资源的安全稳定供应在国民经济社会发展中具有重大的作用。作为国有特大型一体化能源化工公司，中国石化肩负着支撑国民经济发展和保障国家能源供应安全的责任。

在市场平稳的情况下，中国石化是石油石化产品和服务的提供者，关注如何提供优质的产品和贴心的服务；在供求矛盾突出的形势下，中国石化充分发挥成品油主渠道作用，稳定和保障市场供应。中国石化始终把保障市场稳定供应放在首位，千方百计增资源，全力以赴保供应，在极其困难的情况下、在局部地区出现油品供需失衡的情况下、在大灾大难来临的时候持续稳定地为社会供应能源，有效地保障了国民经济、社会生活的正常运行。

（一）提高油气资源供应保障能力

要想“万丈高楼平地起”，首先需要有个好地基。与此类似，提高油气资源供应保障能力则是能源供应安全的“地基”，为保障能源安全，中国石化着力提高油气资源供应保障能力，打好保障能源供应的“好地基”。

为打好这块“地基”，中国石化制定了“稳定东部、加快西部、准备南部，突破海上，加强国内、开拓国外”的政策，努力发现和开发更多的油气资源。在开放领域，中国石化在国内逐步从东部扩展到西部、南方和海域；在国际上，中国石化已经拥有一批海外勘探开发项目和生产基地，权益油剩余可采储量、权益油产量也呈现跳跃式增长。在天然气市场供应能力上，中国石化坚持保证东部稳产，促进西部上产，川气东送工程已经顺利完成，并向沿途五省两市供应清洁能源。在技术创新方面，中国石化加大勘探资金投入，大幅度提高了储量动用率和油田采收率，加大了低品位储量的开发，实现了油气产量稳步增长。此外，中国石化还积极发展国际贸易，扩大资源渠道，通过国际贸易引入能源资源和相关产业需要的石化原料，保障国内供应。

“一滴油”的故事

中国石化在四川发现国内埋藏最深海相大气田

中国石化发现的、气藏最大埋深 6950 米的大型海相天然气田——元坝气田 2011 年 9 月 16 日正式通过国土资源部矿产资源储量评审委员会专家组审定，第一期探明天然气地质储量 1592.53 亿立方米，探明含气面积 155.33 平方千米，是迄今为止国内埋藏最深的海相大气田。

据中国石化勘探南方分公司介绍，元坝气田位于四川省广元、南充和巴中市境内，气藏埋深 6240~6950 米，平均埋深 6673 米，是中国石化继发现国内最大海相整装气田普光气田之后，在四川盆地发现的又一个大型海相气田。元坝气田气体组分甲烷平均含量 88.35%，硫化氢平均含量 5.22%，二氧化碳平均含量6.43%，计划“十二五”期间建成 34 亿立方米天然气净化生产能力。

元坝气田属于埋藏超深的隐蔽岩性气藏，具有高温、高压、多压力系统、高产、高含硫等特点，勘探难度和钻探过程中井控及安全风险大。中国石化在元坝气田勘探发现过程中，完善了以四川盆地为代表的南方海相碳酸盐岩层系油气勘探理论与方法，形成了7000米以上超深储层地震勘探技术方法和海相碳酸盐岩礁滩相岩性圈闭的识别与描述技术，以及超深井钻井、完井、测试及全过程硫化氢检测与防护等成套技术，创建了超深高酸气田勘探生产建设及安全环保等企业标准体系，丰富了我国油气勘探理论和技术。

中国石化将在“勘探开发一体化”原则下，进一步展开海相油气勘探，力争2013年、确保2014年整体探明海相气藏；展开中浅层勘探，力争2015年整体控制并获得规模储量；加大页岩气勘探评价力度，力争早日建成产能。

（二）推进重大项目建设　提升服务能力

为保障能源供应能力，中国石化在提高油气资源供应保障能力打好保障能源供应“好地基”的同时，认真抓好工程项目建设特别是国家重大项目建设，为保障能源供应“锦上添花”。中国石化推进重大项目建设表现为四个方面。

（1）中国石化积极推进油田勘探开发工程。通过加强优化，注重配套，中国石化新区产能建设顺利推进；通过产能建设，不断实现油气储量产量稳定增长。

（2）中国石化全力打造世界一流炼油化工产业。炼油化工不断优化布局、调整结构，原油加工量增加到2.24亿吨/年，乙烯产量增加到945万吨/年。拥有13个千万吨级炼油基地、8个百万吨级乙烯基地，初步形成了长三角、珠三角和环渤海湾三大炼化企业集群。

（3）中国石化积极发展终端销售网络。在油品销售方面，中国石化先后投入大量资金，通过收购、控股、参股、联营、代理、特许经营等方式，逐步形成了覆盖30多个省（区、市）的成品油销售网络，初步建立起高效有序的储运、配送体系。

（4）中国石化大力发展现代物流系统。为确保进口原油的渠道通畅，中国石化不断加快大型原油码头的建设，保障了进口原油接卸和向加工企业的稳定供应。

（三）发挥成品油主渠道作用　保障供应

中国石化通过近3万座加油站及销售网络，每年为中国消费者提供1.2亿吨的成品油，每天向上千万辆车提供全方位的服务。凭借在网络、管理、服务等方面的优势，中国石化在国家成品油供应体系中发挥了积极的作用。在供求矛盾突出的艰难形势下，充分发挥成品油主渠道作用，及时采取措施稳定和保障市场供应。

在油品紧张的时候，千方百计增加自产成品油，全力以赴增加进口成品油，充分挖掘成品油库存潜力，中国石化切实履行国有企业的政治责任和社会责任，坚持以大局为重，全力以赴保障市场供应。

（四）特殊时期履行责任　保障油品供应

中国石化通过3万多座加油站及销售网络，每年为中国消费者提供1.4亿吨的成品油，每天向上千万车辆提供全方位的服务。凭借在网络、管理、服务等方面的优势，中国石化在国家成品油供应体系中发挥了积极的作用。在供求矛盾突出的艰难形势下、在重大事件频发的特殊时刻，在保障能源供应打下“好地基”，并为此“锦上添花”之后，中国石化始终充分发挥成品油供应主渠道作用，及时采取措施稳定和保障市场供应。

（1）在冰雪灾害面前，中国石化千方百计供油品。2008年初，南方低温雨雪冰冻灾情发生后，中国石化迅速启动应急预案，确保市场稳定供应和救灾用油。中国石化各炼厂坚持满负荷运行，努力增产成品油。中国石化销售企业全力加强零售资源配送，确保加油站不限量、不脱销。在灾情面前，中国石化积极救助滞留、受困车辆和人员，中国石化的加油站成了一座座温暖的抗灾“救助站”。

（2）在抗震救灾面前，中国石化全力以赴提供资源保障。地震发生后，中国石化紧急向灾区增调资源，为抗震救灾提供保障。千方百计保证抗震救灾一线用油，为救灾车辆开通绿色通道，随到随加，做到“站站不断油、随时能加油”和“抢险设备开到哪里，汽柴油就供到哪里”。中国石化积极恢复天然气产量和供应量，切实保障民用气、CNG 加气站以及为抗震救灾物资生产企业供气。

（3）中国石化积极支持奥运为“同一个梦想加油”。在 2008 年北京奥运会举办期间，中国石化奉行“为同一个梦想加油”的理念，全力支持北京奥运会的举办，切实履行赞助项下的各项义务。中国石化精心制定油品供应计划，建立高效有序的奥运供油保障体系，圆满完成了奥运期间的各项保供任务，同时还高质量完成了国家体育场 8 万张塑料座椅及 138 吨跑道沥青的供应工作。

（4）中国石化热心服务“三农”。每年的二、三季度是中国农业生产的关键时期，农业用油需求很大。中国石化在我国的核心市场涵盖了全国绝大部分农业大省，为了做好农业用油供应服务工作，我们积极采取各项支农、惠农、便农措施，保障供应，服务“三农”，深得各界好评。

（5）中国石化在千方百计消化国际市场波动。在国际油价高企，原油和成品油价格倒挂的严峻形势和压力面前，中国石化牢记社会责任，顾全大局，努力保证市场供应，维护经济稳定运行。2009 年，在金融危机的影响下，国内成品油市场消费结构发生了重大变化，一度出现汽油资源供应紧张而柴油过剩的局面，为保障市场成品油产销平衡，中国石化及时加大了炼油产品结构的调整力度。入冬后，中国很多地区遭受大雪降温天气，温度骤降造成供暖用气需求大幅攀升，我们提前启动冬季供气方案，并协调下属企业大幅压减生产、生活用气，保证了对城市居民生活、供暖和公用设施的天然气供应。

“一滴油”的故事

送油到家门口，太好了

2011年2月6日，大年初四，安徽蚌埠石油员工却没有在家享受春节假日，而是开着油罐配送车来到田间地头，开展“抗旱送油到地头”活动。

8时45分，蚌埠石油商客部、零售部等组织送油配送车辆，到旱情最严重的怀远县龙亢镇寨头村、大口村，为那里的200亩小麦基地及时送去柴油。

看着村民忙碌地浇灌小麦，寨头村村长邵玉恒兴奋地从田里跑过来，握着蚌埠石油零售部经理蒲广范的手激动地说：“几个月不下雨，小麦难以越冬，平时我们要到五公里外的龙亢镇加油，来回要半天时间，今天中国石化为我们直接送来柴油，小麦有救了！”

“只要你们有困难，我们就在你们身边，提供力所能及的帮助。”蒲广范说。

中国石化送油进村的消息迅速传遍全村，男女老少拿着塑料桶前来购油。一位老大娘一下买了4桶25公斤的柴油，高兴地说：“我们的麦地干得这么狠，这次送油到家门口，太好了，可以多浇几亩地了！”

自2010年10月以来，近4个月无有效降水导致江淮小麦主产区旱情严重，影响已播种小麦的正常出苗和生长发育。为做好抗旱保苗和春季田管工作，安徽石油在年前就积极主动与地方政府沟通，了解农业灌溉时间，并提前做好油品储备和供应工作，在系统内做好零售部门与物流部门的沟通协调，确保抗旱农业用油地区油品的正常供应。

二、海外油气投资

如果你想感受中国石化的国际化氛围，请到总部生产指挥调度中心来。站在近百平方米的屏幕墙前面，你能清晰地看到中国石化在中国及世界范围内主要生产基地的运转情况，能看到运载着中国石化原油的大型油轮在海上的航行路线，还能看到国际原油期货实时行情。如果你想近距离地感受中国石化国际化经营的气息，请读一读中国石化第一期优秀外籍员工培训班学员的感受，“能为这样成功的石油公司工作，我觉得十分荣幸”，“（当地）政府很喜欢像中国石化这样的大型企业，能为当地提供更多的就业机会”。

从“走出去”到“跨出去”，中国石化抓住机遇积极开展海外油气投资，国际化经营实现了跨越式发展。在过去的五年里，中国石化先后收购了 Addax 公司、Repsol 巴西公司 40%权益、加拿大 Syncrude 油砂部分权益、安哥拉多个区块部分权益，与俄罗斯石油公司联合收购了 UDM 项目等。

从“跨出去”到“走进去”，中国石化在推进海外油气投资向广度发展的同时，积极融入资源国，以符合国际惯例和资源国文化的方式开展业务、实践社会责任，赢得了当地社会的欢迎和好评。

“一滴油”的故事

中国石化收购 Addax 石油公司

2010 年 6 月 24 日，中国石化国际石油勘探开发有限公司（SIPC）宣布与 Addax 石油公司（Addax Petroleum corporation）签订收购协议。根据该协议，SIPC 将发起收购要约，以每股 52.80 加元的价格收购 Addax 全部发行在外的普通股。

收购协议获得 Addax 公司董事会的一致支持。中国石化于 2009 年 7 月初向 Addax 公司寄出正式的要约文件。同时，Addax 石油公司最大的股东 AOG 公司（AOG Holdings B.V.）和首席执行官 Jean Claude Gandur 分别与中国石化达成了锁定协议，同意出售其持有的 Addax 全部股票。另外，Addax 公司高级管理人员和董事也同意出售各自持有的股票。

中国石化对 Addax 石油公司的收购是一次“转型收购”。根据Addax 公司公开的记录，截至 2008 年 12 月 31 日，Addax 拥有 2P 储量（探明储量+概算储量）5.36 亿桶；2008 年平均日产量约 14万桶（相当于年产量 700 万吨）。另外，Addax 公司拥有的深水勘探项目极具潜力，将为 SIPC 的进一步发展提供强有力的平台。

SIPC 十分重视企业社会责任。Addax 公司现有的管理团队和员工非常出色，为 Addax 的发展做出了很大贡献，SIPC 保留了原有的管理团队和员工。SIPC 还希望延续 Addax 的辉煌业绩，增加就业机会，促进当地经济发展，同时为 SIPC 的员工创造更多海外工作的机会。

三、海外工程服务

除了积极开展海外油气投资，中国石化在海外石油工程服务方面也不落人后，中国石化可为油气勘探生产提供钻井、测井、录井、固井以及物资、地面、海洋和油田综合服务工程等全程的工程服务。在“十一五”期间，中国石化发挥集团化、一体化优势，加快实施国际化战略，推动海外业务持续快速发展。中国石化境外业务占集团公司业务比重不断扩大，境外资产、收入大幅提升。境外销售收入占总销售收入的 27.3%，境外资产比例占总资产的 31.3%。其中，在境外石油工程服务方面，中国石化竞争力得到快速提升，形成了非洲、中东、俄罗斯及中亚、南美、东南亚五大战略目标区，新签合同额从 2005 年的 7.3 亿美元增加到 2010 年的 28.4 亿美元，“十一五”期间累计新签合同额 116.9 亿美元，完成合同额 90.3 亿美元。在炼化工程方面，通过开展境外市场规划和战略研究，逐步明确了以中东、中亚、东南亚、南美和非洲等为重点的境外业务主要目标市场，成立至今（2007 年 7 月成立），炼化工程板块中标海外项目 21 个，合同金额 37.91 亿美元。

“一滴油”的故事

SINOPEC 品牌名扬世界之路

20 世纪 90 年代，中央审时度势，提出充分利用国内外两种资源、两个市场的战略方针，支持推动石油工业“走出去”的步伐。与此同时，国内油田企业受困于产量下滑、人员过多，自身也有走到海外“养家糊口”的需求。

从 1993 年中国石化中原油田反承包新西兰石油公司的油田钻井工程开始，到 1997 年中原油田拿到苏丹石油区块的工程承包项目，11 支队伍开赴苏丹，一时间，国内石油工程服务队伍出现了“千军万马”闯国际市场的局面。

中国石化集团公司成立以后，国际工程技术服务进入了“黄金期”。世纪之交，中原油田、江苏油田正式进入占世界石油剩余储量一半的中东市场，在卡塔尔站住脚跟，并于 2000 年 9 月中标世界公认标准最苛刻的沙特阿美公司的钻井服务项目，具有标志性意义。

在骄阳似火的沙特阿拉伯，当中国石化中原油田 SINO-19

钻井队在大井眼钻进中创出一周完成一口井的最高指标时，沙特监督 PAT 先生感谢地说："这个指标是沙特历史上最高的，是你们付出的心血和汗水换来的。我们感谢你们！全世界的同行会记住你们！"

2003 年，为了更好地扩展国际石油工程市场，中国石化成立了国际石油工程公司，统一对外协调管理海外石油工程项目，以一个"拳头"开拓海外市场，取得了明显效果。从那时开始，中国石化的海外工程技术服务业务进军南美、非洲、中东、中亚等多个国际市场，队伍数量和规模逐年扩大，已经发展成为一支国际石油工程服务市场上不可轻视的力量。

2006 年，中国石化与巴西国家石油公司签订了巴西天然气管道建设总承包项目，合同额超过 13 亿美元，是中国石化上游海外迄今为止中标的最大地面工程服务项目。

2009 年，中国石化工程技术研究院和物探技术研究院相继成立，石油工程的专业化管理将为能源开发提供更加专业的服务。当年，中国石化在境外新签石油工程合同金额 28.1 亿美元，同比增长 7.7%；完成合同额 24.3 亿美元，同比增长 29.2%；在 37 个国家共有 355 个石油工程技术服务合同正在执行。

2009 年，中国石化进入沙特阿美公司油井钻井市场的钻机达到 20 台，同时为沙特阿美公司实施 2 个物探项目，合同额达 2.84 亿美元。

2009 年初，中国石化成功进入科威特钻井市场，与科威特国家石油公司一次签订了 5 部钻机项目，合同额 4 亿美元，这也是目前中国石化上游海外合同额最大的单个钻井项目。2010 年新进入钻机 4 台，在科威特的钻机总数达到 15 台。

目前，中国石化已经形成一支专业齐全、系统配套的石油工程队伍。在钻井、修井、录井、测井、固井、物探、地面工程建设、海洋钻井、海洋工程建设、船舶拖带和运输服务等专业方面，形成了一批国内领先或国际先进的施工技术。沙特阿拉伯、也门、阿曼、科威特、伊朗、巴西、哥伦比亚、厄瓜多尔、哈萨克斯坦、印度尼西亚、俄罗斯、苏丹、阿尔及利亚、埃及等 30 多个国家的石油企业也都有了中国石化工程技术服务队伍的身影，中国石化的旗帜在世界各地飘扬。中国石化石油工程服务品牌已在国际市场上崭露头角，一些国际上知名大公司纷纷提出要与中国石化合作，联合投标拿项目，在沙特阿拉伯、伊朗等市场上已经开始了这种共赢互利的合作。

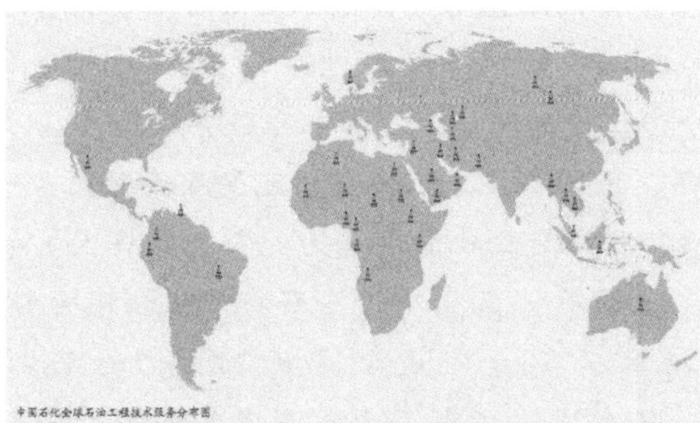

图 5-2　中国石化全球石油工程技术服务分布

第二节　绿色低碳

气候变化是人类共同面临的全球性重大问题，环境污染是人类社会面临的重大威胁。作为负责任的能源化工公司，中国石化将应对气候变化、保护环境作为自身不可推卸的责任和义务，正努力转变发展方式，积极发展清洁油品、开发新能源、开展绿色公益，打造绿色低碳的“一滴油”。

一、清洁油品

提起清洁油品，也许你会大惑不解，“汽油、柴油都是浅色透亮的，并没有什么不干净的东西啊?”我们平时用的油品乍一看是干净的，没有任何杂质，但是，当它燃烧过后就不那么干净啦！清洁油品所说的“清洁”，是指要求在燃烧产生的尾气中污染物尽量地少，以保护环境。

从减少尾气污染的角度，世界各国对汽车燃料的组成有越来越严格的要求，其中首要的是硫的含量。汽油和柴油中的硫燃烧后都变成了氧化物，而氧化硫散逸到空气中便会形成酸雨，危害极大。要降低汽车尾气中的氧化硫含量，就得降低燃料中的硫含量。从汽油的燃烧质量来说，苯类的芳香烃是比较理想的组分，所以有些炼油过程的目的就是提高汽油中芳香烃的含量。但是，过高的芳香烃含量会导致汽车尾气中有毒物质增多，其中的苯则更是致癌的物质。因此车用汽油苯含量由国Ⅱ标准的不大于2.5%调整为国Ⅲ标准的不大于1%。另外，我国的汽油大部分是用催化裂化工艺生产的，其中含有相当多的烯烃。烯烃本身在汽油机中的燃烧性能是比较好的，但是烯烃含量高很容易产生沉积物堵塞喷油嘴，从而使发动机的效能降低，并会使尾气中氧化氮等有毒物质的含量增多，不利于环境保护。国Ⅲ汽油标准规定烯烃含量不高于35%。

所以，燃料的所谓“清洁”，就是要求在保持燃烧性能良好的前提下，尽量控制其中硫、芳香烃和烯烃的含量，以减少对空气的污染。这样才能在满街风驰电掣般跑着汽车的情况下，抬起头来又能赏心悦目地看到蓝天白云。

“一滴油”的故事

什么是清洁汽油

清洁汽油既能够为汽车提供有效的动力，又能减少有害气体的排放。它是以无铅汽油为基础，加入多效汽油清洁复合添加剂而生产的汽油。与普通无铅汽油比，由于加入了多效复合添加剂，增强了清除各种沉积物的能力，提高了经济性，降低了排气污染。

使用普通无铅汽油，汽车发动机在运行一段时间后，发动机燃油供给系统会有不同程度的油垢、胶状物和积炭生成。这些污垢使发动机燃油供给系统油道不畅、供油不均、雾化变差，从而引起发动机燃烧不完全、功率下降、油耗增加、启动困难、运转不稳、加速性差、排放污染物中的碳氢化合物和一氧化碳含量增加，而使用清洁汽油可以使这一问题得到根本性的解决。

使用清洁汽油有如下优点：

（1）减少污染。使用清洁汽油的汽车，尾气排放中的碳氢化合物、一氧化碳、氮氧化物将大大减少。

（2）清洁汽车部件。使用清洁汽油的汽车能够保持发动机燃油供给系统清洁，如化油器或喷嘴、油路、进排气阀、火花塞、燃烧室、活塞等部件，在汽车运行中不生成油垢、胶状物和积炭，不需要再定期清洗，省时省力。

（3）节省燃油。燃油供给系统清洁，油品的雾化程度提高，混合气完全燃烧，使发动机功率充分发挥，节省燃油。

（4）改善行驶性能。发动机容易启动，转速平稳。加速性能好。

（5）延长发动机使用寿命。发动机的化油器或喷嘴的使用寿命延长，减少维修更换部件的费用。由于燃油系统不会产生积炭，减少了机械磨损，从而也延长了发动机的使用寿命。

按照国家要求，从2010年1月1日起，我国全面推行国Ⅲ标准的汽油。为了实现汽柴油质量升级，满足国家对汽柴油质量的要求，中国石化一方面依靠技术进步，坚持以内涵为主的技术改造；同时注意近期目标和远期目标结合，适时投入、快速产出。在加强消化吸收国外汽油脱硫技术的基础上，采用具有中国石化特色的"十条龙"科技攻关模式对国外技术再创新，并与中国石化自主开发的脱硫技术相结合，合理优化炼油加工流程，通过新建一批水平高、安稳长满优运行的催化裂化原料、催化裂化汽油脱硫装置以及重整、MTBE等高牌号汽油组分生产装置，实现国Ⅲ汽油质量升级；为解决柴油质量，适度增加了加氢精制能力。按照2010年中国石化原油加工量2.1亿吨计，可生产汽油3230万吨，其中，国Ⅲ标准汽油2059万吨，占64%，欧Ⅳ标准汽油1170万吨，占36%；高标号汽油比例约为75%。同时，可生产达到欧Ⅲ标准的车用柴油约3630万吨，占全部柴油的45%。

"一滴油"的故事

中国石化为世博、为亚运提供清洁油品

为中国奉献碧水蓝天，是中国石化的神圣使命，是中国石化的不懈追求。

为了服务绿色世博，中国石化先后在上海高桥分公司建成投产了300万吨/年柴油加氢、140万吨/年加氢裂化和120万吨/年催化汽油吸附脱硫（S-Zorb）等先进装置，使高桥分公司的汽柴油全面达到沪IV标准、部分满足欧V标准。

"城市 让生活更美好"是此次上海世博会的主题，为了让生活更美好，中国石化将一如既往地为中国经济"加油"，为奉献碧水蓝天"加油"，为绿色世博"加油"。上海地区，中国石化自2009年11月1日开始全面供应"沪Ⅳ"油品，截至2010年5月，共销售"沪Ⅳ"油品193万吨，减少车辆硫排量2120吨；还是在上海地区，中国石化投资2.8亿元，对250座加油站和3座油库完成了油气回收改造。

8月4日，在2010年广州亚运会倒计时100天之际，中国石化为广州亚运会奉献了一份珍贵的礼物——广州市内中国石化旗下279座加油站全面供应"粤Ⅳ"汽油。位于广州市海联路中国石化海印桥加油站，进站加油的车辆络绎不绝。消费者稍稍留意便能发现，油站标识牌和加油机上，都已换上了崭新的红底白字的"粤Ⅳ"汽油标识。

第16届广州亚运盛会，不仅是广东人民的亚运会，也是全国人民的亚运会，更是全亚洲人民的亚运会。"同一片蓝天，同一方沃土，同饮珠江水，共享亚运情"，为确保"粤Ⅳ"汽油顺利上市，实现"空气清新、蓝天白云"的亚运会空气质量目标，中国石化广州石化分公司不断加大油品产品质量升级投入力度，先后完成千万吨级炼油改扩建工程和完善配套优化工程，建成投产150万吨/年S-Zorb催化汽油吸附脱硫生产装置，达到年产216万吨"粤Ⅳ"汽油的生产能力。目前，广州市"粤Ⅳ"汽油需求量约为13万吨/月，广州石化"粤Ⅳ"汽油生产能力18万吨/月，每年向广州市场提供216万吨"粤Ⅳ"质量标准汽油，实现了对广州地区连续稳定的油品保供能力。

二、新能源

中国石化积极开发替代能源及新能源，优化和完善能源结构。已基本形成包括技术开发、工业生产和产品销售在内的较为完整的新能源业务产业链。

（一）生物质燃料

汽车里的燃油可以种植出来。你是不是觉得有些不可思议？的确，科学技术的迅猛发展正在让越来越多不可思议的事成为现实，现在已经有一些汽车甚至飞机都用上了种植出来的燃油，这种油被称为“生物质燃油”。

在生物质燃料方面，中国石化承担了国内车用乙醇汽油使用试点前的技术准备工作，先后完成了车用乙醇汽油可行性试验研究和应用技术的系统研究。在此基础上，中国石化完成了对《车用乙醇汽油》和《变性燃料乙醇》两个国家标准的起草和送审工作，为国家有关部门制定推广车用乙醇汽油相应的政策法规、标准、规范及试点实施方案提供了重要的技术依据，并为车用乙醇汽油扩大试点奠定了坚实的技术基础。中国石化开发了 SRCA 法生物柴油生产技术，并已在石家庄炼化完成了工业化试验。目前，正在进行纤维素乙醇的技术开发工作。

自 2004 年 12 月开始车用乙醇汽油的试点工作以来，中国石化已在河南省、安徽省、湖北省（9 个地市）、河北省（6 个地市）、江苏省（5 个地市）、山东省（7 个地市）、广西壮族自治区以及辽宁省、吉林省、黑龙江省销售车用乙醇汽油。截至 2008 年底，共销售乙醇汽油 2506 万吨，使用变性燃料乙醇 261 万吨。从总体情况看，在各方的大力支持下，车用乙醇汽油推广工作进展顺利，社会公众已逐步接受了乙醇汽油，反映良好，取得了较好的社会效益和经济效益。

经过几年的发展，中国石化已形成了包括技术开发、工业生产和产品销售的完整的生物质燃料业务产业链，为生物质燃料业务的持续、健康发展奠定了基础。

（二）天然气

天然气是较为清洁的能源之一，采用天然气作为能源，可减少煤和石油的用量，因而大大改善环境污染问题。作为一种清洁能源，在同等条件下天然气还能减少二氧化硫和粉尘排放量近100%，减少二氧化碳排放量60%和氮氧化合物排放量50%，并有助于减少酸雨形成，舒缓地球温室效应。基于此，1998年中国石化集团公司重组成立以来，着力加大清洁能源天然气的勘探开发、管网建设和市场发展，实现了储量大幅增长、产量快速提高、供应迅速扩大，在保障国家油气供应安全的同时，为我国减少污染排放、提高空气质量、改善大气环境做出了积极贡献。

另外，中国石化还加大境外天然气资源引进力度，积极稳妥推进LNG等引进气源项目的建设，境外天然气勘探开发遍布亚太、非洲、中亚、俄罗斯、中南美等地区。至2010年，中国石化拥有权益天然气剩余可采储量1343亿立方米；已落实液化天然气（LNG）进口合同量200万吨/年。

“一滴油”的故事

中国石化煤层气和页岩气

煤层气和页岩气是非常规天然气的重要类型，在天然气中占据比重逐年增大，受到各国政府和企业的重视。在煤层气方面，中国石化拥有埋深2000米以内浅的含煤区块137个（包括4个煤层气矿权区块和133个常规油气矿权区块），总含煤面积10.13万平方公里，其中4个煤层气矿权区块面积0.24万平方公里。煤层气地质资源量11.6万亿立方米、可采资源量3.75万亿立方米，勘探潜力较大。2010年在延川南区块和织金区块进行煤层气排采获得突破，其中延川南的延1井日产气达2523立方米，预计地质储量350亿立方米以上；织金区块的织2井日产气2563立方米。

在页岩气方面，中国石化勘探区块42个，面积19万平方公里（其中页岩气登记区块2个、面积1.48万平方公里），初步评价资源量15万亿立方米。2009年以来，陆续在川东北和鄂西渝东等地区突破了页岩气工业气流关（川东北的元坝11井、101井、102井在泥页岩地层测试分别获得日产14.44万立方米、13.97万立方米、23.78万立方米工业气流，鄂西渝东的建35-2井在泥页岩地层常规测试获得日产0.78万立方米工业气流），初步在川东北、川西、鄂西渝东等地区建设页岩气产能示范区。

（三）煤炭清洁化利用

煤、石油、天然气是当今世界上最重要的三大化石燃料，因为石油和煤都是远古时期动植物遗骸沉积而成，所以化学成分很相似，都含有碳、氢等成分。让人们产生了从煤中提炼出油品和化工产品便于使用的设想，于是出现了煤制油（CTL，Coal To Liquids）技术。所谓“煤制油”，即煤炭的液化，是以煤炭为原料制取汽油、柴油、液化石油气的技术。

中国石油资源较少而煤炭资源丰富，煤制油技术研究早在20世纪50年代就已经开始。中国石化高度重视煤炭液化利用，不仅将其作为一种能源多元化的重要途径，更将煤炭液化看做减少环境污染的重要方式。目前，中国石化有6套煤气化装置在运行，通过对煤气化技术的消化吸收和创新改进，中国石化拥有了丰富的煤气化装置运行经验和相应的工程设计技术。

“一滴油”的故事

中国石化煤炭清洁化

在政府有关部门和国家产业政策的指导下，中国石化有序、适度、科学地发展煤化工项目，以补充国内油气资源的不足。在甲醇制烯烃和煤制油技术（费—托合成）技术方面取得重要成就。

（一）甲醇制烯烃

2007年，在燕山石化建设100吨/天甲醇制烯烃（S-MTO）工业试验装置。2008年6月，在工业试验基础上完成甲醇年进料180万吨MTO工艺包的开发，主要技术指标达到国际先进水平，已经具备了设计和建设大型MTO工业化装置的条件。

（二）煤制油技术（费-托合成）技术

建成3000吨/年固定床费—托合成中试装置。2008年已完成编制70万吨/年固定床工业化装置工艺包。2006年中国石化战略性收购了美国Syntroleum公司的浆态床费—托合成技术及中试设备，下一步拟开发大型浆态床费—托合成反应器。

（四）地热资源开发

每当身在城市的我们仰望夜空，难得再有“会挽雕弓如满月，西北望，射天狼”的感慨——烟雾、光化学烟雾和酸雨等危害，加上大气中二氧化碳浓度升高所带来的全球气候变化，已是不争的事实。满天繁星的夜色离我们越来越遥远。

然而，在距北京城南仅108公里的河北省雄县，却是另一番景象，这里的夜色清澈迷人，星月辉映。白洋淀畔，近处虫鸟和谐，远处碧波荡漾。这一切，得益于雄县在中国石化帮助下，开发并正使用着一项得天独厚的清洁能源——地热。

地热是来自地球内部的一种能量资源，与煤炭、石油和天然气等化石能源相比，地热能源具备数量巨大、可再生和不污染环境三大要素和清洁、环保、就地取用等优势，现在已被广泛用于生活供暖、发电、制冷、烘干、化工业、种植养殖业、房地产开发、旅游、医疗洗浴及保健娱乐等许多领域，并显现出日益广阔的应用前景。

在世界经济正走向低碳经济时代的今天，大力开展节能减排，积极发展地热等清洁能源，采用多种途径降低二氧化碳排放，对于中国石化这样的国有支柱企业践行社会责任，进而促进国家可持续发展，具有尤为重要的意义。也正是基于此，中国石化率先发起了包括开发利用地热资源在内的“低碳行动”，以实际行动展示科学发展、奉献社会的决心。

“一滴油”的故事

中国石化积极开发地热资源

2004年以来，中国石化先后在陕西西安、渭南、咸阳等地钻15口地热井。2006年12月，新星石油公司与冰岛恩莱克斯公司合资成立陕西绿源地热能源开发有限公司，合作开发中国地热资源。2008年，新星石油公司、胜利石油勘探局和中国石化管理干部学院等单位使用地热能供暖100.6万平方米。其中，陕西咸阳开发地热能供暖88.4平方米，胜利石油管理局在自有住宅小区利用地热供暖7万平方米，石化管理干部学院利用地源热泵提供冬季采暖和夏季制冷，建筑面积为5.2万平方米。2009年，新星石油公司增加地热能供暖建筑面积51万平方米，其中，陕西咸阳31万平方米、河北雄县20万平方米。2010年，新星石油公司增加地热能供暖面积161万平方米，其中，陕西咸阳31万平方米、河北雄县130万平方米。到2010年底，中国石化实现地热能冬季采暖和夏季制冷建筑面积共计312.6万平方米。

三、绿色公益

油气勘探开发、油气运输管线建设等生产经营活动不可避免地会对现有生态环境造成一定破坏，为将对环境造成的负面影响降低到最小，中国石化除了注重对油气田等废气矿井周围、油气运输管线沿线的生态恢复，还积极开展环保公益。

多年来，中国石化积极推动植树造林，增强碳汇能力。中国石化一直把推进全民义务植树活动和绿化美化工作、保护和改善生态环境作为企业的重要社会责任，作为企业实现可持续发展的重要保障，作为改善职工生产环境和生活环境的重要内容，以建设生态园林式石油石化企业为目标，结合企业特点，按照绿化、美化、净化的原则，大力推进生态文明建设，动员广大干部职工积极参与义务植树、绿化美化绿色文明公益活动，为营造“青山、秀水、绿地、蓝天”的生态环境做出了应有的贡献。

除此之外，中国石化还积极自主生态恢复相关研究。由中国石化和广东省环保局资助、中科院华南植物园承担的“油页岩废渣场退化生态系统的生态恢复研究”获得成功。经过近10年的研究，成功筛选出适于油页岩废渣长生长的木本植物20种、草本植物3种，推广适生树种45公顷，使当地油页岩废渣场的生态环境得到明显改善。

“一滴油”的故事

中国石化服务绿色奥运

2004年10月，中国石化正式成为北京2008年奥运会石化合作伙伴。中国石化秉承“服务绿色奥运”的精神，先后为北京2008年奥运会和残奥会、北京奥组委、中国奥委会以及参加2006年冬奥会和2008年奥运会的中国体育代表团援助了大量资金、优质润滑油及其他石化产品和相关服务。

中国石化赞同“更高、更快、更强”的奥林匹克精神，赞同北京2008年奥运会“同一个世界、同一个梦想”的口号和“绿色奥运、科技奥运、人文奥运”的目标，并将这些理念付诸环境保护、科技进步和社会公益等方面的行动，使之成为公司企业文化的一部分。

第三节 共同发展

一滴油，带动了一条产业链的发展；

一滴油，推动了一个民族的前进步伐；

一滴油，牵动了整个世界的脉搏；

一滴油，让彼此在支撑与奉献中互利共赢、凝聚力量；

一滴油，有千般力……

中国石化按照“资源、市场、一体化、国际化、差异化和绿色低碳”六大战略，加快发展步伐，进一步拓展合作空间、提高合作层次，与战略供应商携手并肩，抓住机遇，共迎挑战，为民族装备制造业的振兴和国家经济结构的调整做出更大贡献。

一、重大装备国产化

走在镇海炼化现代化的乙烯装置区，工作人员自豪地介绍："这是由中国一重制造的大型换热器 E-6111，直径 4 米，总长度 48 米，有效换热长度 20 米，换热面积达 12325 平方米，是国内首台超大型换热器……"从全套设备引进到百万吨级乙烯及下游装置国产化率在 75%以上，大型乙烯项目建设带来的装置国产化进程，不仅推动了我国石化装备制造业的发展和产品结构调整，为国家和企业带来巨大的经济效益和社会效益，也是石化产业推进结构调整的重要战略组成部分。

镇海炼化国内首台超大型换热器国产化项目是中国石化高度重视装备国产化工作取得成效的一个缩影。长期以来，中国石化将重大装备国产化作为提升企业竞争力的重要手段，在国家有关部门的大力支持下，按照"积极、稳妥、先进、可靠"的国产化方针，统筹规划、科学组织、分散风险、重点突破，依托石化重点工程建设项目进行攻关，研制出了一大批具有国际水平的重大技术装备，不仅节约了大量工程建设资金，而且有力地促进了民族装备制造水平的整体提升。据统计，"八五"到"十一五"期间，依托石化企业工程建设和技术改造项目，研制和推广应用了重大国产化设备达 2000 多套，与同期引进设备相比节约投资约 70 亿元。

目前，中国石化已经拥有了世界先进水平的炼油全流程技术、乙烯成套技术，可以依靠自主技术建设千万吨级炼厂、百万吨级乙烯生产装置，实现了炼油设备的 100%国产化，石油化工成套设备 80%以上实现了国产化，掌握了一大批具有自主知识产权的石化装备设计制造核心技术，实现了石化成套装备中多项关键、核心设备的设计制造国产化。

“一滴油”的故事

合作共赢 重大装备国产化

中国石化重大装备国产化不仅为中国石化工程建设节省了大量资金，也推动了石化装备制造业的发展和产品结构调整及技术进步；不仅为中国石化工程建设培育了一批具有国际水平的战略供应商，而且为提高民族装备制造水平做出了突出贡献。

（一）中国第二重型机械集团公司的国产化之路

中国第二重型机械集团公司（以下简称“中国二重”）的成长发展与中国石化重大装备国产化工作有着密切的关系，可以用“培育帮扶促保供、合作共赢铸辉煌”来总结。2004年，中国二重开展了对海南炼化项目7台临氢高压设备等加氢反应器制造技术的攻关工作，中国石化专家对攻关的重点和难点进行了有力技术支持。通过该项目，中国二重掌握了临氢高压设备和加氢反应器的全套制造技术，为中国二重生产大型锻焊加氢反应器打下了坚实的基础。随后，中国二重又先后为中国石化齐鲁分公司、海南炼化、上海石化、天津分公司、普光气田、洛阳石化、福建联合石化、长岭分公司、武汉分公司、安庆分公司、济南分公司等提供了上百台关键核心设备。产品也从普通的碳钢发展到了CrMo钢、CrMoV钢，重量从几十吨到上百吨近千吨。目前，中国二重的产能已从当初年产仅5000吨重型容器发展到现今年产25000吨的能力，自身也得到了快速发展，成为排名第二的国内锻焊容器制造厂。

（二）中国第一重型机械集团公司的国产化之路

作为世界级加氢设备制造基地，中国第一重型集团公司

（以下简称“中国一重”）自与中国石化的国产化合作过程中，逐步掌握了加氢反应器的冶炼、锻造、焊接、检验等制造技术。截至2009年底，已生产加氢设备近300台，并在2006年制造了世界上最重的2100吨加氢反应器，累计创造产值100多亿元。目前，中国一重产品已成功打入国际市场，2007年的加氢反应器合同有40%是国外订单，标志着我国加氢反应器制造水平达到了世界先进水平。

（三）沈鼓集团的国产化之路

沈鼓集团作为国内压缩机龙头企业，通过不断开展石化用各种压缩机的国产化攻关，具备了设计、制造、成套石化大型离心式压缩机的能力和业绩，提供了国内炼油装置绝大部分的压缩机组并成为世界上少数几家可以制造百万吨级乙烯装置用大型压缩机的企业。自“八五”以来，共制造石化用压缩机组400余台，创造产值近50亿元。

（四）乙烯冷箱的国产化之路

杭州杭氧股份有限公司自20世纪90年代开始研发大型成套乙烯冷箱，经过十余年的努力，依托中国石化二轮扩容改造项目进行了多项国产化攻关，杭氧的加工设计能力得到了极大的提升，目前已经研制出了最大处理能力达到年产100万吨的乙烯冷箱。

（五）高强度钢板的国产化之路

近年来，中国石化为建设国家原油储备基地，需要采购大量原油储罐用高强度钢板，由于进口钢板价格大幅上涨，且交货期无法满足建设进度要求，对国家原油储备基地建设带来非常不利的影响。为此，中国石化立即组织宝钢、武钢、鞍钢等战略供应商，成功实现了高强度钢板国产化攻关，先后研制了10万m^3、15万m^3大型储罐用高强钢板，并在镇海、黄岛、白沙湾等国家储备油库工程项目中广泛使用，与进口相比，每台10万立方米原油储罐节省采购费用约100万元，共节约采购资金1亿元。

在与国有大型制造企业大力合作的同时，中国石化在装备技术国产化进程中还特别加强对民营企业的扶持与帮助，促进民营企业健康发展。在众多民营企业当中有着这样一句话："国家的政策支持和大型国企的帮助，就像是一件贴心的'保暖内衣'，带来信心和希望；大批重大能源工程项目的开建，为民企带来市场和生存空间，中国石化这样的大公司就好像是一棵大树，为民企这棵小树苗遮挡风雨、抵御严寒。"

在重大装备国产化工作中，中国石化作为国家支柱型产业和重点企业，始终认真贯彻执行党中央和国务院有关振兴民族装备制造业的要求，坚决支持民族装备制造业的发展和振兴，大力支持重大装备国产化，争做开明的用户和石化重大装备国产化的拥护者、促进者，为保障国家经济安全做出了巨大贡献。

二、合资经营

（一）国内市场合作

如果把中国石化境内对外合资合作比作是一首恢弘的交响乐，那么扬巴一体化工程、上海赛科和福建炼化一体化项目无疑是三个最光彩夺目的乐章。这三个乐章不仅仅为中国石化增光添彩，在一定意义上也成为中国合资合作的典范。

2005年6月29日，杭州湾畔，上海赛科90万吨/年乙烯工程正式投入运行，标志着上海赛科核心装置胜利打通全流程，进入生产阶段。上海赛科是国内目前最大的中外合资一体化石化项目，由中国石化、中国石化上海石油化工股份有限公司与英国石油公司（BP）共同出资兴建。BP 公司执行副总裁亚历山大先生称“赛科是 BP 公司在世界各地最成功的，也是值得为之骄傲的投资项目之一”。如今的赛科已经成为带动上海化工区腾飞的“龙头”。

2005 年 9 月 28 日，扬子江畔。经过三年多的工程建设及生产试运转，扬巴一体化合资项目正式投入商业运行。扬巴一体化项目是中国政府批准的第一个大型石化合资项目，由中国石化、巴斯夫两个世界石化巨头跨国联姻，组建以 60 万吨乙烯裂解装置为核心，由 9 套主要化工生产装置组成的世界级一体化石油化工基地。对于此合资经营项目的意义，正如中共中央政治局常委、全国人大常委会委员长吴邦国所指出的，“扬巴一体化石化项目，是我国对外开放取得的又一重大成果，对提高我国石油石化国际竞争力，促进地方经济发展具有重要意义”。

2005 年 7 月 8 日，湄洲湾畔，总投资 288.74 亿元的福建炼化一体化合资项目在福建泉州奠基开工。福建炼化一体化项目是由福建炼油化工有限公司、美国埃克森美孚公司和沙特阿美石油公司共同合资兴建，是目前中国石油石化行业第一个上下游全面一体化的世界级中外合资项目。福建炼化一体化项目建成投产，对提升我国石化工业在世界石化工业中的地位，促进海峡两岸经济发展有着重要的意义。

（二）国外市场合作

提起国内企业“走出去”开拓国际市场，人们自然会想到石油石化企业。无论是从“走出去”的时间还是规模来看，中国石化都成果非凡。

20 世纪 90 年代，中央审时度势，提出充分利用国内外两种资源、两个市场的战略方针，支持推动石油工业“走出去”的步伐。与此同时，国内油田企业受困于产量下滑、人员过多，自身也有走到海外“养家糊口”的需求。

从1993年中原油田反承包新西兰石油公司的油田钻井工程开始，到1997年中原油田拿到苏丹石油区块的工程承包项目，11支队伍开赴苏丹，一时间，国内石油工程服务队伍出现了“千军万马”闯国际市场的局面。

中国石化集团公司成立以后，国际工程技术服务进入“黄金期”。中原油田、江苏油田正式进入中东市场，在卡塔尔站住脚跟，并于2000年9月中标沙特阿美公司的钻井服务项目。

随着胜利油田、河南油田、上海海洋石油局等单位的工程服务队伍相继走出国门，中国石化下属企业在海外从事石油工程服务的企业总数达到10家。为了更好地扩展国际石油工程市场，中国石化于2003年12月正式成立国际石油工程公司，统一对外协调管理海外石油工程项目，以一个“拳头”开拓海外市场，取得明显效果。

目前，中国石化已经形成一支专业齐全、系统配套的石油工程队伍。石油工程服务涵盖了钻井、修井、录井、测井、固井、物探、地面工程建设、海洋钻井、海洋工程建设、船舶拖带和运输服务等多个方面。

同上游企业“走出去”一样，炼化工程企业虽然起步较晚，但经过自身努力，也在国际炼化工程承包市场抒写了属于自己的品牌和荣誉。

2005年初，上海工程公司和第二建设公司与克瓦纳公司合作，联合中标沙特聚烯烃项目，EPC合同额达7.5亿美元，创造了中国石化与国外工程公司联合中标的最大的海外工程项目。

2006年，中国石化新签炼化海外承包和服务合同约31亿美元，相比于2005年的3.35亿美元，实现了质的飞跃。截至2011年10月，中国石化炼化工程板块在4个国家执行承包合同为11个，合同总额达到47.5亿美元。

“一滴油”的故事

塑造合资公司特色的管理模式

“要关注HSE业绩，关注每位员工的安全，这是各项工作的基础；进一步提升优化运行水平，向更高的目标迈进。”2011年1月17~18日，埃克森美孚公司亚太区炼油总监艾奎尔到福建联合石化公司调研，帮助公司优化生产运行。同时，中国石化也派出相关专家到福建联合石化调研生产运行情况。中外各方股东给予公司大力支持，合作进入“蜜月期”。

2010年，福建联合石化公司炼油化工装置全面达标，加工原油1139万吨，生产乙烯84.3万吨，实现销售收入584亿元，实现利税93亿元，创历史新高。福建炼油乙烯一体化合资项目新建装置安全平稳运行16个月，初步实现集团公司党组确定的“开得起、稳得住、管得好”目标。

福建联合石化公司在传承中国石化“追求卓越”、“精细化”等管理优势的同时，注重借鉴引入埃克森美孚公司、沙特阿美公司的先进理念和优秀经验，着重抓好传统管理和现代管理的有机融合，不断提升内部管理水平，塑造具有合资公司特色的管理模式。

三、供应链管理

物资采购是企业生产经营的“生命线”，是一种策略型的技术经济行为。它开始于物资需求的产生，结束于物资需求的满足。应用供应链管理思想控制供应链风险，是新时期的采购理念。为保证反对商业贿赂，中国石化与所有供应商签订《恪守商业道德协议书》，以规范供应商行为，营造良好公正的商务交易环境。

“一滴油”的故事

合理选择供应商

“上海某轴承厂 2009 年度现场考评低于 80 分，建议取消其轴承供应商的资格。”2010 年初，在上海石化物资供应系统遴选年度物资供应商的过程中，考评人员的意见，将上海某轴承厂从原主力供应商的“宝座”上拉了下来。

在 2010 年中国石化物资供应管理工作研讨会上，由供应商选择策略、采购方式选择策略、价格控制策略、进度控制策略、质量控制策略五大策略组成的上海石化 2010 年采购策略，获得采购专家的推崇。大家认为，该采购策略攻防兼备，具有积极的借鉴作用。“攻”，就是做到胸有成竹，掌握采购主动权；“防”，则是控制物资采购风险，确保采购人员廉洁从业。

供应商甄别与选择是做好采购工作的首要任务，也最能体现采购策略的攻防。

上海石化对供应商的选择，不是由某个领导、某个业务人员说了算，而是综合考评其绩效，由绩效说了算。2009 年，上海石化组成供应商现场考评组，对供应商进行考评，既考评他们的业务动态、绩效、诚信，又考评他们的装备水平和技术能力，生产经营业绩、现场管理和质量保证体系。

2010 年初，根据考评成绩，结合主力优先、生产商优先、适当竞争、优先照顾改制企业、供应商就近优先等综合因素，上海石化确定 2010 年度 700 多家供应商。供应商名单一经审定，任何人不得随意增加新供应商。若确实需要增加，必须上报上海石化物资供应管理委员会审批。

供应商经一道道考评关口最终筛选出来，确保了交易供应商的素质，这对把握采购主动权，提高采购效率和质量，具有积极的促进作用。而供应商队伍由考评说了算，有效杜绝了关系户，很好地预防了供应人员的从业风险。

“一滴油”的故事

供应商眼中的中国石化

（一）沈阳鼓风机（集团）有限公司

“中国石化是沈鼓集团的最大用户，沈鼓集团是中国石化重大技术装备国产化的生产基地。几十年来，沈鼓从小到大，从弱到强发展到今天，与中国石化的发展息息相关。回顾我们为中国石化提供产品和服务的历程，我们深切感受到是中国石化的蓬勃发展，拉动沈鼓的技术进步和产品升级，是中国石化的信任和鞭策，促使沈鼓管理水平和产品质量的得到不断提高。”

（二）中国第二重型机械集团公司

“通过近六年的交往，给二重最大的感受就是：中国石化强大、谦虚、帮扶、规范、实在、廉洁、博爱。其实，不只是在二重的眼中，每一个与中石化打交道，了解中石化的单位都会有这样的感受。不需要夸张，不需要吹捧，永远傲立于世界的东方。”

（三）鞍钢股份有限公司

“鞍钢股份与中国石化之间的战略合作以携手于西南成品油管线工程建设为标志拉开了序幕。这条管线的开工建设为双方的合作带来了挑战，更带来了机遇。几年来双方遵循‘平等互信、风险共担、利益共享、共同发展’的合作原则，不断巩固战略伙伴关系。鞍钢股份对中国石化多个油气管道工程建设给予了全力支持，中国石化也在同等条件下优先采购和大力推广使用鞍钢产品，充分显示出双方战略合作决策的正确和互惠互利、携手共进的决心。”

（四）淮南矿业（集团）有限责任公司

“在 1998 年煤炭市场低迷、煤炭企业非常困难的情况下，是中国石化等一批战略合作伙伴支持了我们，才使淮南矿业集团的发展有了今天。回顾近十年来的合作，淮南矿业和中国石化走过了风风雨雨，经历了不同市场的变化。在合作过程中我们加强沟通，增进互信，率先实行并推进了集中购销，使双方贸易量由开始的几十万吨，发展到今天的 260 万吨，增长了 3 倍。”

（五）宝山钢铁股份有限公司

“中国石化从成立开始，就高举国产化旗帜，成立重大装备国产化办公室，支持民族工业发展。积极选择国内大型供应商共同立项，进行国产化，提升国内供应商的制造水平，也为中国石化在实现技术突破的同时降低了成本。中国石化与宝钢就石油石化需要的高端钢材方面进行了许多国产化项目合作，共同研发高端产品以替代进口。对于中国两大世界 500 强企业——中国石化和宝钢在未来的合作，宝钢人充满信心。”

（六）施耐德电气（中国）投资有限公司

“中国石化拥有遍布全球的供应商网络，与 33 家国内外战略供应商建立了战略合作关系。在参与相关项目集中采购工作中，我们深深感受到，中国石化集中采购能够真正做到公平、公正、公开；各级采购人员按统一的采购流程和统一的采购方式，在统一的平台、统一的供应商网络范围内进行规范操作。”

（七）兰州兰石国民油井石油工程有限公司

“中国石化集团在钻机配套、集团钻机产品采购活动中，恪守诚信经营、公平竞争的商业道德及国际社会普适的商业准则，始终遵循公平、公正、透明的原则，创建了一个与供应商和谐相处，业务公开，良好诚信的合作氛围，给我们增强了无限的信心和坚强的动力。”

第四节　员工为本

每一滴油从进厂到送到消费者手中，都要经过复杂的加工工序，“每一滴油都是承诺”是每位员工的行为准则，做到采购好每一滴油、生产好每一滴油、储运好每一滴油、销售好每一滴油、服务好每一滴油。

“每一滴油”象征着油滴一般的中国石化员工。中国石化人“做每一滴油、献全部热”，一心一意做奉献，立足岗位，知难勇进，发展企业，服务社会。

同时，中国石化始终发扬石油石化的优良传统，秉承改革创新的时代精神，力求实现企业价值最大化与员工全面发展的最佳融合和统一，将人文关怀具体化，营造“安全、和谐、有序”的大家庭氛围，让和谐发展之光洒遍企业的每一个角落。集团公司对广大员工公开“六项承诺”：一是进一步提升员工主人翁地位，二是逐步完善员工基本薪酬正常增长机制，三是不断改善员工工作生活环境，四是认真落实困难员工帮扶制度，五是不断提高员工综合素质，六是有效促进员工实现自我价值。

一、以人为本 人文关怀

中国石化始终认为，员工是企业的主人，是兴企之本。公司奉行“企业与员工共同发展”的理念，把企业改革发展的成果惠及全体，把企业的关心切实地传递给员工，维护好一个和谐团结的工作氛围和集体，使员工舒心、顺心、安心，工作顺利，心情愉悦，个人才能健康成长。

（一）尊重员工，保障合法权益

作为企业，中国石化尊重和保护员工的各项合法权益；尊重员工的人格，公平对待每一个人，杜绝任何歧视行为；尊重员工的信仰自由，尊重员工的多样化，令不同民族、种族、国籍、性别和年龄的员工都能在公司中得到施展才干的机会和平台。

建立和谐稳定的劳动关系。和谐稳定的劳动关系是创建和谐企业的基础，保障员工队伍稳定是实现公司可持续发展的必要条件。目前，按照相关法律法规，中国石化各所属企业都已按照“平等、自愿、协商一致”的原则，与职工签订了书面劳动合同，劳动合同签订率基本达到 100%，并制定了相应的配套制度，确保劳动合同得到严格履行。同时，中国石化严格执行国家的各项社会保险政策，参保率和按规定缴费率达到 100%。2009 年，公司用工总数达 106.03 万人，其中外籍员工 2.54 万人。

营造民主和谐务实新风气。民主是公司对员工的郑重承诺。长期以来，中国石化在维护员工民主权利，发挥员工民主管理、民主监督的作用上用心想、深入做，努力营造公平、民主、务实、和谐的风气。通过职工代表大会、业务公开、“领导信访接待日”等多种形式，坚持把民主管理与职工关心的热点、难点问题结合起来，与职工的切身利益结合起来，不断拓宽企业民主管理和民主监督渠道，让员工充分了解企业的发展、参与企业的管理，维护了员工的知情权和保证职工群众行使监督权；不断加强与员工的联系交流，使员工的意见能够得到关注，在维护企业和谐发展的同时有效保障了员工权益。

"一滴油"的故事

Addax：跨文化管理的样板

中国石化海外事业最近几年取得了蓬勃的发展，越来越多的队伍在海外落地生根。最近几年，中国石化展开了几次大手笔的并购，于2009年将Addax石油公司纳入囊中。

Addax公司的前身是成立于1994年的一家私人公司。Addax的本意是一种生活在非洲沙漠地带的弓角羚羊，它们常常跋涉千里觅食，极其顽强地栖息在环境恶劣的地区。公司的名字也正是从弓角羚羊坚忍不拔的性格中获得的启发。2009年8月，中国石化成功收购Addax，使之成为中国石化旗下第一个完全国际化的海外全资子公司。

（一）Addax公司首席执行官张毅

Addax公司是一个资产非常优良，结构非常合理，国际化程度非常高的一个中小型国际化公司。公司资产，既有深海也有浅海，又有陆上，目前，一共有25个合同区块，主要集中在西非和伊拉克北部。

世界上最难的管理是跨文化管理。在过去的十多年中，Addax逐渐形成了自己的一套企业文化。中国石化收购Addax后，如何管理和运作这样一家国际化公司，成了亟须解决的问题。

（二）Addax公司首席运营官Rebort

大家都知道，不同文化之间的融合是一件非常难的事情。

收购 Addax 就会涉及不同的文化。这对我们原来的员工，还是中方管理层来说，都是一个巨大的挑战。

为了解决好重组之后不同文化之间的融合与管理，Addax 公司专门成立了直接对 CEO 负责的社会责任与交流部，首先在企业文化建设上做文章，既充分汲取国际化管理的成功经验，又有效地加入中国化元素，并努力在两种文化的融合中形成一种全新的 Addax 文化。

（三）Addax 社会责任与交流部经理 Marie-Gabrielle

做沟通这方面的工作，效果是非常慢的，一般三年以后可能才会出现效果。之前没有人知道 Addax，经过反复的宣传之后，大家才对这样一家跨国石油公司有了一定的了解。

目前，Addax 公司员工总数超过 900 人，分别来自 30 多个国家或地区。相对于之前的私人企业，现在的 Addax 是一家更加规范的国际化公司。虽然公司员工在文化背景、生活习惯、语言等方面存在很多差异，但共同的目标，对成功的追求，使大家很容易产生共同的心理认同。

Addax 已经不再是原来的小公司了，在被中国石化收购之后，我们在各方面都要有变化。首先要改变我们的形象，其次要让各种不同文化之中形成一种认同，只要这样才能形成统一的企业文化。

“每一步都与众不同”，这是 Addax 之前的企业文化口号。如今，这句话后面又有了新的内容——“每个不同都产生新的动力”。在过去的一年多时间里，公司员工在原有的企业文化之上，逐渐适应着新的内容。

经过员工的共同努力，一个全新的 Addax 公司正在跨文化管理的道路上扎实前进。

（二）畅通人才成长通道

长久以来，中国石化始终牢固树立“人才资源是第一资源”的理念，把人才资本作为核心资产来经营，加快人才队伍建设，构建了以畅通人才成长通道为中心，以选才、用才、育才、聚才机制为主要内容的“1+4”人才工作模式，形成了人尽其才、才尽其用、人才辈出的生动局面，为推动公司持续有效和谐发展奠定了坚实的人才基础。

加快人才成长通道建设。按照积极稳妥原则，推广实施人才成长通道建设方案，重点做好专业技术和技能操作序列的高层级职位设置和选聘，畅通科技领军人才和拔尖技能人才的成长通道。完善统一基本薪酬制度、优化分配结构的方案，择机组织实施。研究制定了《“十二五”及未来十年人才发展规划纲要》，完善人才发展的政策和措施，为公司加快发展提供了有力的人才支撑。

突出抓好国际化人才队伍建设。改进并加强国际化经营员工的分类管理，有针对性地采取吸引、稳定、激励、培养等措施，加快形成与国际化业务发展相适应的人才队伍。

加大人才培养开发力度。加快“大培训”体系建设，启动远程教育培训，开展各类普及性培训。实施万名青年英才开发计划，加强青年人才职业生涯管理，在实践中加快锻炼成长。实施高层次人才培养计划，着重培养集团公司级专家、学术技术带头人和技术能手。广泛开展业务竞赛、技能竞赛和技术比武等活动，切实加强基本功训练。

“一滴油”的故事

培训就是给员工最大的福利

2009 年公司重点实施的三项培训工程：

实施“万名重点人才培训工程”，培训各类重点人才

3471 人。

实施“关键岗位人才能力提升工程”，梳理形成 123 个关键岗位人才培训项目，培训 6000 多人。

实施“全员素质提高工程”，总部有关部门、培训基地举办各类短期适应性培训班 200 多个。

2009 年，中国石化组织各类脱产培训达 87.8 万人次。培训工作的针对性和实效性进一步提高。

2010 年，中国石化总部投入重点人才培训费用 1.88 亿元，组织各类培训 170 万人次。

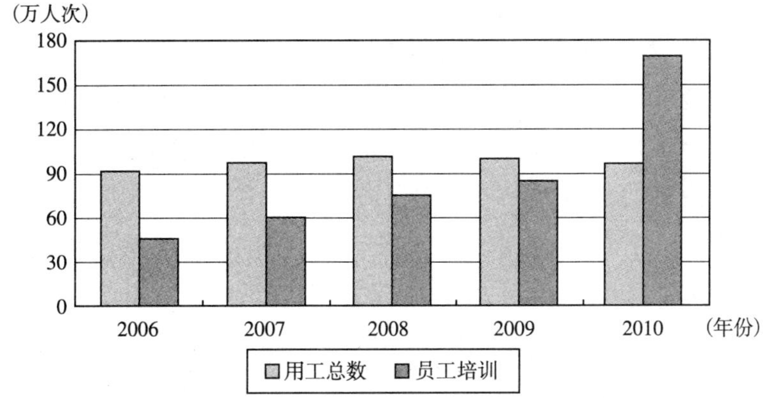

图 5-3 中国石化集团“十一五”期间员工培训情况

做好人才引进工作。继续实施高层次人才引进计划，提高毕业生引进工作质量，建立面向全球的人才招聘体系和招聘渠道。同时，继续加强用工总量控制，规范用工行为。丰富企业文化宣传贯彻活动和载体，引导员工自觉实践企业文化理念。

“一滴油”的故事

充分发挥共青团的助手作用和生力军作用

中国石化开展了“青年岗位能手”、“青年文明号”、“青年创新创效”和“身边的榜样”多项活动，在年轻员工中倡导爱岗敬业、勤奋工作的时代精神，涌现出了一大批青年典型。中国石化表彰了“百名典型”和“十大标兵”；在“神华杯”第二届中央企业青年创新奖表彰大会上，集团公司申报的11项创新创效项目中获得金奖1项，银奖2项，优秀奖8项。

（三）人文关怀，携手共进

“关爱员工、和谐发展”是我们永恒的主题。中国石化时刻将员工的冷暖放在心上，努力把关爱员工的工作做深、做细、做到位，让关怀之心普及每个员工。

关注员工身心健康。切实关心职工生活，就是要将员工的健康放在具体工作的首位。员工更健康了，企业就更有活力，社会才会更有动力。中国石化坚持“以情感人、用心暖人、以亲聚人，时时处处体现人文关怀”的基本理念，将人文关怀与心理疏导有机融合，探索健康有效的心理疏导机制，开展“员工心理动态分析”活动，真正实现让员工快乐工作。“最好一餐在食堂”、健康体检、劳动保护、职业病防治、疗养、休假等措施进一步落实，有效调动了一线广大干部职工的积极性。

"一滴油"的故事

切实为群众办实事、办好事

公司一直坚持从点滴着手，为员工群众办实事办好事，切实为员工及其家庭排忧解难。

坚持办好食堂，不仅种类要丰富，更要讲究营养，科学配餐，让职工切实感到"最好一餐在食堂"。这既是以人为本的切实体现，也是最具体、最有效的工作。

坚持生活帮扶与政策帮扶相结合、临时帮扶与长效帮扶相衔接，构建了逐级帮扶救助体系，对确有困难的困难家庭、困难人员，有针对性地提供生活、医疗、子女就学就业等帮扶救助措施，2009年共帮扶救助242632人（次）。

关爱离退休老同志。老同志们是中国石化的缔造者和奉献者。在公司内提倡继承和发扬尊老爱老的中华优良传统美德，一直重视并认真落实离退休老同志的政治待遇和生活待遇，在搞好日常服务的同时，尽心尽力为他们解决生活中的困难和问题，不断丰富离退休人员的文体生活，满足他们的精神文化需要。

丰富职工业余生活。成功举办了中国石化2010年新春团拜会和中国石化第三届职工围棋、中国象棋比赛和中国石化第二届羽毛球比赛，组队参加了第四届全国体育大会，并获得1人超过世界纪录、3枚金牌、2枚银牌、6枚铜牌的历史最好成绩；邀请中国文联创作采风团，深入川气东送生产一线慰问石化职工，带去了党组的关心与温暖，受到参建单位职工的热烈欢迎。还举办了直属机关职工乒乓球比赛、游泳比赛、职工摄影展览。2010年举办了以"文明、健康生活，高效、快乐工作"为主题的总部机关趣味运动会。

二、一心一意做奉献

在中国石化，每位员工也是“一滴油”，滴滴油汇聚成企业巨大的推动力。“做每一滴油、献全部热”是中国石化人一心一意做奉献的热情。中国石化为员工谋发展，员工与企业共进步。因为中国石化及其员工相信，生命是一种回声，播种什么，就能收获什么……

（一）推动发展报效国家

中国石化作为超大型国有企业，成立至今，不断发展，为国家和社会做出了巨大的贡献。这是全体中国石化人共同奋斗的成就，这是全体中国石化人众志成城的成就，因为报效祖国是每个中国石化人的使命。

“一滴油”的故事

“国家需求”是一生的动力

闵恩泽对自己一辈子工作的总结非常简练，“我这一生只做了三类工作，第一类是国防急需，石化发展急需；第二类是帮助企业扭亏为盈；第三类就是战略性、前瞻性、基础性的工作”。其间，闵恩泽对“国家需求”的理解是不断深化、不断升华的。

20世纪60年代，在极端艰苦的条件下，闵恩泽仅用了5年时间就打破了国外技术封锁，为中国自主开发了小球硅铝裂化催化剂，满足了国家空军用油的急需。原石油工业部部长余秋里曾这样叙述这段历史：“我把研制催化剂的重担，交给了石油科学研究院从美国回来不久的闵恩泽同志……”而闵恩泽的感受是“我原来在美国就想，（回国后）担任题目组长就行了，但是后来给我的任务远远不止这些，又得到他们的充分信任。”结果到1964年，我国主要石油炼制催化剂的生产均已立足国内，并奠定了石油炼制催化剂生产技术的基础。

20世纪80年代，我国石油炼制催化技术已基本满足当时炼油工业的需求，但化工催化技术还基本停留在依靠引进上。恰逢闵恩泽从1980年开始担任石油化工科学研究院副院长兼总工程师，同年被选为中国科学院院士，后又当选中科院化学部常委、副主任。他就把自己的工作重点从炼油催化转移到化工催化技术上，组织力量专门对国外重大化工技术进步的历史、国外催化剂和工艺创新的经验等进行大量调查研究，并总结中国自身的科研经验，形成“新催化材料是创造发明新催化剂和新工艺的源泉，新反应工程是发明新工艺的必由之路”的认识。在这个方针指导下，我国才有了后来带动我国绿色化学研究的广泛开展的“环境友好石油化工催化化学和反应工程”和获得2005年国家技术发明奖一等奖的“非晶态合金催化剂和磁稳定床反应工艺的创新与集成”等项目。正如从1984年开始就与闵恩泽合作的石科院学术委员会副主任、中科院院士何鸣元所说：“闵先生有一个非常鲜明的特点，那就是强烈的责任感。”“搞科研的人往往强调兴趣，因为在自己有兴趣的领域才容易出成果。而闵先生则不同，他更强调社会需求，只要国家急需什么，他就研究什么，哪怕跨度再大，也不回避。”

生物质新能源的开发，则是今天闵恩泽最想做的两件事之一。“我还想做两件事。一件事是把我50多年的自主创新案例写下来，它贴近实际、真实生动，容易学习理解，培养创新型人才。另一件事就是（中国）面临油价飙升和大量进口石油的挑战，我将在利用生物质资源生产车用燃料和有机化工产品领域中继续努力，参加攻关和培养创新型人才。概括起来说，我要做的就是明天、后天甚至后后天的，国家长远性、战略性、基础性研究需要的事。”

从“应急”到“责任”再到一种从容的战略选择与部署，在国家需求的指引下，闵恩泽的人生步伐从未停滞、常走常新。

（二）爱岗敬业无私奉献

中国石化的使命就是全体石化人的使命。坚守岗位、勤勤恳恳、兢兢业业，每一名石化人坚信——做好本职工作，就是对企业、对社会、对国家最好的奉献。

“一滴油”的故事

严格把关　挽回损失700万元

中国石化管道储运分公司所属大榭岛油库员工杨勇、刘春生在卸油作业中严格把关，三次检验，发现了外方油轮少卸原油1500立方米的严重问题，为企业避免损失700万元的事迹。集团公司5位党组领导做出批示，总经理、党组书记苏树林在批示中强调，“我们需要这样的职工，需要这种精神”，要求认真总结、宣传杨勇、刘春生的事迹，并大力弘扬这种爱岗敬业、尽职尽责、奉献石化的高尚精神。

（三）心手相连　让爱传播

国家的发展就是中国石化的事业。中国石化的事业牵动千家万户，中国石化的员工就是中国石化的载体，在大灾大难中，在日常生活中，在点点滴滴中，将中国石化的事业、责任和奉献，传播开去……

“一滴油”的故事

龙明先的故事

我叫龙明先，来自湖南省湘西土家族苗族自治州凤凰县，毕业于凤凰县华鑫中学，现就读于清华大学环境学院。

我家住在凤凰县最偏僻、最贫困的腊尔山地区，大山深处交通不便，距县城46公里，坐车兼步行需5个小时。家有六口人，自幼深受贫穷的困扰：一是土地面积小，耕种只能勉强填饱肚子；二是父亲长期酗酒，不问家务，耽误农事。孩提时的记忆里，家徒四壁，吃的是玉米饭，一件衣服老大穿了，再给老二穿，然后是老三，最后是我，衣服都是补了又补。既没有像样的家什，更没有富余的钱财，唯一的电器就是灯泡。家里约有两亩田，家人曾长期以种田为生。父亲经常酗酒，农活大都是哥哥和母亲一起做的。大哥、二哥很早就辍学了，迫于生计，相继外出到浙江等地打工。

自我上中学以后，由于负担过重，再加上连年旱灾，父母不得不外出打工，由于有大哥打工挣的钱，学习还比较正常。到上高中的时候，我和三哥上同一所中学，每人每学期学费大约是1800元，生活费每人每月需300元。此时大哥、二哥已经结婚，而且二哥有孩子要抚养。父亲已经酗酒成疾，失去劳动能力，每月还需要千余元的医药费，更加重了家庭负担。在各方亲友和老师的帮助下，东拼西借维持着能让我和三哥不辍学。

2009年夏天，开始了高三繁忙的生活。但在缴纳完学杂费后，我仅剩下300元。此时哥哥在外务工，工薪仅千余元，又逢工资未发，我的生活费用堪忧。于是我打算省吃俭用，吃饭不吃荤，有时就吃方便面，希望能熬到父母的工资发下来的时候。老师知道我营养不良，经常送菜给我。

一天，我正在上课，校长通知班里十几个家庭比较贫困的同学到办公室，填写了一份助学申请书，我也在其中。当时有些马虎，未注意到是什么助学金。后来才知道是中石化的助学活动。全校约有20名同学受到了资助，金额为每人1500元，我也幸运地成为其中的一员。对于某些人来说，1500元并不是一个很起眼的数字，但对于山区里的孩子，就相当有分量了。1500元相当于凤凰县高中一个学期的学费，5个月的生活费。有了这些助学金，我这一学期的生活费就算有着落了，爸妈也可以少操心了，同时，我也可以安安心心地投入高三紧张的学习中去。

2010年夏，我顺利地通过了高考，以675分的成绩幸运地考上了清华大学环境科学与工程系,这是我想都没有想过的事，也是我有生以来的一大惊喜。在得知高考成绩之后，我有许多选择——因为清华大学可选的专业很多。当时我意识到，环境污染和气候变化已然成为当今世界一大热点问题，我们身边也随处可见不同程度的环境问题。考虑到环境专业是边缘学科，涉及面广，并且基于自己对环境事业的热爱，经过深思熟虑，我选择了环境学科作为自己未来的发展方向。立志为我们国家的环保事业做出贡献，将中石化自觉承担社会责任的善举通过自己的专业传承下去。

也许没有中石化企业的资助，我也能克服困难，取得相同的结果。但是，我知道，如果没有中石化的帮助，我将遇到更大的困难，我的亲友、老师会为我多操一份心，我的高三生活会增添更多的不平静；有了这些资助，我的心里会踏实，我身边的人心里也会踏实，同时我也能更清晰地感受到，身边有很多人在关心我、帮助我。我深切体会到，人应该有感恩之心。不管别人帮助我多少，都是恩惠。因为这些帮助全都是义务的、无偿的，完全是基于对家庭贫困孩子的无私奉献，对于社会的强烈责任感。我们这些受过资助的学生，在学有所成之时，应该以这些承担社会责任的前辈为榜样，为社会承担一份力所能及的责任。

再次满怀感恩之心表达对中石化企业的诚挚感谢！

——龙明光在《中国石化集团 2010 年度社会责任报告发布会》上的发言

第五节 责任因为爱

和谐于心，为善于行。多年来，中国石化认真履行企业社会责任，积极推进企业与社会和谐发展，积极支持、持续参与公益事业建设，时刻关注社会整体利益，制定《中国石化对外捐赠管理办法》，确保对外捐赠规范有序、及时有效。2002~2010 年，中国石化累计向社会捐赠超过 22 亿元。

在汶川地震、玉树地震、舟曲泥石流等大灾大难中奉献大爱；积极支持国家科教文卫事业，开动“健康快车”、培养“春蕾”女童、援建希望小学；对口开展扶贫援藏，推动贫困地区发展；组织员工志愿者行动，在奥运会、亚运会、世博会等国际盛事中，随处可见中国石化员工热情的笑容和忙碌的身影；在风雪中、在烈日下、在戈壁滩、在大漠里，国勘、国工的石化人固守着岗位，他们耳边听到的只有风声，眼里看到的满是黄沙，他们用一个人的孤独，温暖了整个世界。

“每一滴油都是承诺”，每一份爱都承载着希望。大爱无疆，石化人饱含深情，望向远方。

“一滴油”的故事

中国石化社会责任荣誉

2008年，科技部、国务院国资委和中华全国总工会授予公司“创新型企业”称号。

2008年，国务院扶贫领导小组授予公司“中央国家机关等单位定点扶贫先进单位”称号。

2009年，公司荣获新华网履行企业社会责任“杰出企业奖”。

2009年，荣获全国妇联“中国儿童慈善奖”。

2009年，公司入选国务院国资委“中央企业优秀社会责任实践”。

2010年，公司获民政部颁发的2009年度“中华慈善奖”提名奖。

2010年，荣获中国红十字会颁发的中国红十字勋章。

2010年，荣获中华健康快车基金会颁发的唯一“光明功勋特别奖”。

2010年，公司社会责任报告获中国社科院企业社会责任研究中心评定的“中国100强企业社会责任发展指数”领先者称号，位列第六。

2010年，公司在中央外宣办、中央文明办等主办的“文明上网 共建和谐”网上征文和知识竞赛活动中，荣获突出贡献奖。

2011年，荣获民政部第六届“中华慈善奖”。

2011年，中国石化再次荣获中华健康快车基金会颁发的“光明功勋特别奖”。

一、大灾大难献大爱

在突发的灾难面前，中国石化第一时间响应，在开展抗灾自救的同时，组织力量抗灾救灾，捐款捐物，尽己所能帮助灾区人民迅速恢复生产生活。

爱心滋润旱区。在 2010 年春我国西南持续大旱期间，中国石化积极帮助当地群众打井找水，送油送水，向云南、广西、贵州三省区捐款 1500 万元。这些抗旱救灾行动，像及时雨，滋润着旱区群众的心田。

驰援玉树。2010 年 4 月 14 日，青海玉树发生 7.1 级地震。得知灾情后，中国石化紧急安排部署抗灾保供工作，公司先后两次向玉树灾区捐赠 1500 万元救灾资金。中国石化青海石油分公司迅速成立了救灾保供小分队，星夜驰援 900 公里，将 50 吨成品油以及灾区急用的水和食品送达灾区。

抗洪抢险。2010 年汛灾期间，中国石化受灾当地分公司在第一时间做出应急响应，在开展抗洪自救的同时，保障救灾油品供应。在海南遭遇暴雨袭击后，中国石化派出配送车将油品送到救援一线，为冲锋舟、运输车辆提供加油服务。10 月 12 日，中国石化向海南灾区捐款 800 万元，支持灾区人民重建家园。

舟曲救灾。2010 年 8 月 8 日甘肃舟曲发生特大山洪泥石流自然灾害。中国石化紧急部署救灾工作，紧急调运一批 0# 柴油，成立抗洪救灾油品保障小分队，前往灾区为一线救援车辆免费提供油品保障。8 月 12 日，中国石化捐赠 500 万元用于舟曲灾区抗灾救援。

“一滴油”的故事

感恩的心

“这首歌我曾经在高中毕业典礼上唱给自己的父母，感谢他们对我的养育之恩。现在我想唱给中国石化，感谢她在我最无助的时刻给了我希望。”

明亮的眸子里噙着泪花，他们满含真情唱起《感恩的心》，将大爱铭记心间，用真情回报社会。

我叫喻涛，20 岁，中国石化北京京实永发加油站的一名普普通通的加油员。

2008 年 5 月 12 号，一场灾难带走了我的几位亲人，也掠走了我的欢乐。刚到加油站时，我看见红色的罩棚会联想到地震中看到的鲜血，常常吓得偷偷哭鼻子。但公司领导、区域经理、站里同事的关心和鼓励迅速将我的忧虑湮没，让我重新感受到了亲人的热情和温暖。

即便是今天回忆起刚刚到站内的场景，我仍为之动容。很多次，我徘徊在“坚持”与“放弃”之间，挣扎中，站长给了我勇气，让我重新坚强。尽管他才 33 岁，但在我眼里他就像一位父亲，每当发现我情绪不好，他就会主动找我谈心，带领我慢慢走出阴霾，让我觉得加油站就是自己的家。

地震后第一个春节，正好轮到我上夜班，看着眼前万家灯火、其乐融融的景象，听着喜庆的鞭炮声，我想着想着，鼻子一酸，掉下了眼泪。这时，站长走过来，对我说：“喻涛，你进屋歇会儿，我来替你。”没想到，同事们竟然专门为我准备了一个大大的惊喜。在站长的坚持下，我走进屋，眼前是一桌子热气腾腾的饭菜，大部分是川菜，还有我最爱吃的腊肉。我看着这满满一桌站长和同事们趁我不注意的时候亲手烹制的

"爱心菜"，两行热泪流了下来。当晚，在接受中央电视台《第一时间》记者采访的时候，我给妈妈打了个电话，告诉她，"我在北京挺好的，工作、生活都很好。中国石化在最危难的时刻救了我，我要尽自己的全部力量回报中国石化，回报社会上所有为灾区奉献爱心的人。"

现在，我在站长的鼓励下正在准备参加北京石油的电子账表册技能竞赛，我要苦练基本功，争取取得一个好成绩。在北京的日子里，我的生活重新有了目标、有了计划，我对工作、对自己都有了更高的要求。虽然我不知道自己的未来会怎样，但是汶川地震后在中国石化的日子，必将成为我逾越一切的力量之源。

除夕之夜，我在站内组织的联欢会上用一曲《感恩的心》表达了自己的心情。这首歌我曾经在高中毕业典礼上唱给自己的父母，感谢他们对我的养育之恩。现在我想唱给中国石化，感谢她在我最无助的时刻给了我希望。我会努力工作，与石化一起成长！

二、支持科教文卫事业

让爱的光成为穿越云层的力量，沿途播撒芬芳，让他们心上所有的倔犟，在世界的眼中歌唱。

携手推动教育、医疗、文化、健康的发展，关爱偏远地区和城市中亟须帮助的困难人群，促进社会稳定与和谐进步是中国石化社会责任长期追逐的目标，中国石化始终参与国家重大民生政策在基层的实践，联合社会各方资源，致力改善群众生活、助力和谐发展。

1.“健康快车”

自2003年以来，中国石化持续赞助“健康快车”，为贫困地区白内障患者送去光明。8年来，中国石化赞助的“健康快车”开进了新疆喀什和奎屯、甘肃酒泉、云南玉溪、内蒙古海拉尔、青海平安驿、四川内江、西藏那曲、贵州黔西南、四川达州、吉林省吉林市、广西河池市等地，中国石化持续赞助“健康快车光明行”活动，累计捐赠9160万元，已免费救治边远贫困地区1.83万名白内障患者。

“健康快车”是中国第一列专门从事慈善医疗活动的流动眼科火车医院。2009年3月10日，在开展捐助“健康快车”活动5年后，中国石化捐赠3000万元建造“中国石化光明号”，该列车是第一列由中国内地企业全资捐赠的火车医院，拥有先进的技术装备和顶级的白内障手术仪器。北京、香港等地优秀的眼科医护人员在车上承担治疗任务。“中国石化光明号”长年沿铁路线，为偏远贫困农村地区的白内障患者开展白内障摘除、人工晶体植入等复明手术。

云南花腰傣聚居的玉溪新平县漠沙镇曼勒村78岁居民白美珍失明7年，虽深处风景秀丽的彩云之南，却看不到任何色彩和阳光。他们一家四口住在两间破旧的土墙房内。失明后，老人不仅不能帮着家里劳动，生活起居还需家人照顾。生性倔犟的白美珍不想拖累孩子们，屡次想服毒自杀，儿女们只好轮流守护。2006年5月，得知中国石化赞助的“健康快车”驶进云南玉溪时，全家人都乐开了花。在去“健康快车”做手术的那天，白美珍一大早就起了床，不停地说：“这是大喜事！”她让女儿帮自己穿上最喜爱的民族服饰，登上了“健康快车”。手术康复回家后，白善珍老人兴奋得像孩子一样，不断地看着自己熟悉又陌生的家，爬上阁楼来回端详。儿女们看着老人高兴的样子，泪水涟涟的说：“感谢健康快车！感谢中国石化！”

依孜孜江·克热木，1994年出生在新疆喀什夏马力巴格乡14村3组81号的一个贫困农民家庭，父亲患有白内障。依孜孜江·克热木从小天真活泼、聪颖过人，学习成绩一直名列前茅，并弹得一手好“热瓦普”（维吾尔族乐器），深得家人和邻居们的喜爱。2007年,小依孜孜江双眼患上了白内障，由于视力下降，学习成绩急剧下滑，也没心思弹“热瓦普”了。当得知白内障将会导致他双目失明后，曾经的阳光少年变得抑郁和焦虑。2008 年 7 月 21 日，中国石化赞助的“健康快车”为依孜孜江·克热木和他爸爸成功地进行了白内障手术。8 月 28 日，当中国石化的探访人员到达依孜孜江·克热木家时，他激动得拿起热瓦普，当场即兴弹唱了一首自编自创的歌，歌唱共产党，歌唱中国石化，用发自内心的歌声表达他和家人的感激之情。2011 年 5 月 31 日依孜孜江·克热木带着他心爱的热瓦普来到了北京，在燕山石化举行的中国石化 2010 年度企业社会责任报告发布会暨公众开放日活动现场，克热木再次感动地唱道：“感谢中国石化，给我带来光明，生活好了，妈妈微笑了。”

2005 年，来自新疆喀什夏玛力巴格乡，失明近 8 年的维吾尔族农民赛里木汗·司马义在中国石化赞助的“健康快车”上接受了免费治疗，视力恢复到了 1.0 以上。为了表达内心的感激，只有小学文化的她，饱含真情地用维语写下了一首诗。在“健康快车”上、在周围的人群中，赛里木汗·司马义反复朗诵着这首诗，在场的当地人也附和着。朗诵声、感谢声、笑声、掌声，还有激动的泪水汇集而成共同的心声：

“春回大地万象更新，满载中国石化的温暖，‘健康快车’到古城。医护人员以高超的技术，使我们重见了光明。我们从内心里表示‘热合买提（谢谢）’，将永远记住你们的恩情。‘共产党万岁！祖国万岁！’这就是我复明病人的心声。”

中国石化在赞助“健康快车”为贫困地区人民提供免费手术治疗的同时，还出资在新疆乌鲁木齐建立了一个眼科显微手术培训中心。2008 年 5 月该中心落成，开始为新疆地区培养眼科医疗人才，并利用远程教学网络开展培训工作，为更多的贫困眼疾患者提供救助服务。

2.“春蕾计划”

春蕾项目中的每一个女孩都有辛酸的道路，贫困和歧视正在残酷地吞噬着她们求知的欲望。“中国石化资助贫困春蕾女童项目”，从2004年开始，由中国石化出资，中国儿童少年基金会具体落实，中国关心下一代工作委员会配合共同完成。

“我叫李芳斌，是甘肃省秦安县郭嘉镇中心小学的学生，家里4口人，爸爸、妈妈、姐姐和我。爸爸前几年外出打工时断了手指，现在身体不好，在家干农活，妈妈身体也不好。姐姐上学时，爸爸妈妈到处借钱，负了不少债。就在我马上就要离开学校的时候，中国石化资助了我。我一定要好好学习，决不辜负中国石化叔叔阿姨们的帮助。”

第一次在家门口见到远方前来的中国石化人，李芳斌的父亲，一位淳朴的农民，嘴里不停地讲着，“谢谢你们，谢谢中国石化”。他从房子里拿出几个苹果，选了其中最大的一个，要来访的同志带回北京去，“我们家穷，没有什么好的东西，听说你们要来，我想了很久，昨天我从家里院子里的苹果树上摘了几个大的苹果，这是最大的，请您带回去，送给中国石化的领导同志，这是我的一点心意”。他的话讲得那么恳切，那么淳朴，深深地感动了在场的所有人。

中国石化“春蕾计划”的实施具有重要的社会意义。它有力地推动了贫困地区教育事业的发展，很大程度上改变了贫困地区“重男轻女”的思想观念，改变了当地家长的教育意识，激发了家长送女生接受高中教育的积极性，96%的受助女生家长表示，“再穷也要送孩子读书”。随着中国石化捐助“春蕾”高中女生项目的实施，近年来参与此项慈善事业的企业和人数明显增加。

甘肃省张川县的付海娟以全县高考文科第二名的成绩考入了中国石油大学。她说：“……我选择了石油大学，希望将来为祖国石油石化工业奉献自己的力量！”甘肃肃北县蒙古族女孩孟根苏布德考入了中央民族大学。她说：“我是幸运的，在中国石化的帮助下有机会改变自己的命运，可还有很多像我一样贫困的孩子没有这样的机会。我一定会努力学习，将来回到家乡，为改变家乡的贫困而努力！”

“一滴油”的故事

爱，给希望一片天

在周围低矮破旧的房子中，一栋漂亮的大楼格外耀眼。

这是中国石化希望小学的大楼，如今已成为当地一道亮丽的风景线。谁能想到，一年以前，这里还只是些摇摇欲坠的危房，墙壁残破，地面凹陷，没有电灯，没有电扇，窗户破了只能用纸糊……孩子们在昏暗的光线下学习。

黄坳乡的老乡们说，他们生活比较困难，村里许多年轻人去城里打工了，剩下娃娃、老人们在家。娃娃们没有人照看，都希望学校能给教育好。每次经过这个希望小学的大楼，老乡们都会待上好长一会儿。娃娃们就快搬进新楼房读书了，他们心里觉得特高兴。

“喜欢读书吗?”

“喜欢。”

“为什么喜欢?”

“读了书好找工作。”

“以后想去哪里?”

“我想去上海。”

孩子心中有一个美丽的梦想，希望能通过读书走出大山，看看外面的世界。中国石化的义举为孩子们播种了“希望”的种子，孕育了燎原之火，为孩子们送去了希望的一片天。

三、支持贫困地区发展

中国石化持续帮助落后地区发展，多年来，积极参与国家扶贫援藏计划，先后向贫困地区及西藏地区投入超过 13 亿元，帮助修建基础设施、发展地方经济。

自 2002 年承担新一轮定点扶贫工作以来，中国石化在安徽颍上、岳西和湖南泸溪、凤凰 4 个国家级贫困县定点扶贫，重点支持基础设施建设，协助贫困县搞产业开发，加强劳务输出培训和帮助发展教育事业，持续提高当地“造血”能力。同时，自 2008 年设立中国石化助学金以来，中国石化在四个定点扶贫县累计资助贫困生3784 人，资助家庭贫困的学生，取得了很好的社会效益。中国石化助学项目受益人、清华大学学生龙明先在 2010 年度中国石化社会责任报告发布会上，动情地说：“中国石化圆了我的大学梦，无私奉献，不求回报的精神让我感受到了企业大爱。我选择环境学科，立志为环保事业做贡献，将中国石化自觉承担社会责任的善举通过自己的专业传承下去。”此外，安徽岳西县委书记汪谦慎作为定点扶贫地区代表，怀揣着老百姓的祝福来到发布会现场，他表示：“二十多年来，在中国石化的大力支持下，岳西县扶贫攻坚取得了显著成效，现在的岳西，山更青了，水更绿了，路更畅了，老百姓战贫求富的干劲比以前更足了，脱贫致富的美好愿景比以前更近了。”

中国石化高度重视援藏工作，建立专项工作制度，实现扶贫援藏工作规范化、制度化、科学化。重点集中于关注民生、改善民生的基础性、公益性项目，从改善当地的生产生活条件入手，重点协助西藏班戈县建设和完善了一批与农牧民生产生活息息相关的基础性、公益性设施，改善了基本生产生活条件，被国务院扶贫开发领导小组评选为“中央国家机关定点扶贫工作先进单位”。

“一滴油”的故事

世界海拔最高的援藏小学——班戈县中石化小学

西藏班戈县坐落于美丽的纳木错湖畔。这里平均海拔 4745 米，高寒缺氧、气候多变、地广人稀、环境艰苦、自然灾害频繁，是那曲地区海拔最高、条件最艰苦的纯牧业县之一。

2011 年 8 月 14 日，世界海拔最高的援藏小学——西藏“班戈县中石化小学”正式启用，200 名藏族农牧民孩子参加了启用仪式。

图 5-4　西藏班戈县中石化小学落成典礼

西藏班戈县县委书记巴塔称班戈县中石化小学是班戈乃至那曲地区“最好的工程”；老师们表示，“学校良好的环境能让孩子更好地学习”；孩子们表示，“从来没有见过这么亮的学校，在这里上课非常地开心”。

面积 3 万多平方公里的班戈县，平均海拔 4745 米，被称为“世界屋脊的屋脊”，是西藏那曲地区海拔最高、条件最艰苦、最为贫困的县区之一。

自 2002 年中央第四次西藏工作座谈会后，中国石化承担了对口支援西藏那曲地区班戈县的任务。9 年来，中国石化累计投入援藏资金1.8亿元，共派出五批援藏干部，实施项目71个。涉及城镇建设、新农村建设、文教卫生、干部培训以及改善牧民生活居住环境等各个方面。

（一）路宽了，灯亮了，草绿了

“雨天一路泥，雪天一路冰，晚上一路黑。”2002年以前，老百姓这样形容班戈县。当时，县里没有一条像样的马路，没有一盏路灯。

2002年7月，中国石化按照党中央、国务院的要求，讲政治，顾大局，思想上高度重视，经济上全力支持，把援藏工作作为一项光荣而艰巨的政治任务来抓。

2005年，中国石化投资近2700万元，修建了班戈县的两条主要道路——吉江扎西路和幸福路，坑洼不平的土路变成了宽敞平整的水泥路，道路两旁的太阳能路灯，见证着班戈的变化，这两条路改变了班戈人民的生活，让宁静的班戈县城变得热闹起来。

2006年以来，中国石化在班戈县共实施农牧民安居工程投资3280万元，解决了5519户牧民群众的安居问题，投资1700万元修建了84个村级文化活动室。2005年开始，中国石化又连续6年每年援助100万元，帮助班戈县购置太阳能照明设备，解决牧民群众的家用照明问题，受益农户3382户。

9年时间匆匆而过，班戈县发生了翻天覆地的变化。路宽了，灯亮了，草绿了。牧区越来越多的牧民搬进了新房，一座座学习、娱乐功能齐全的文化活动场所拔地而起，牧区各项基础设施明显改善。

（二）给孩子一个敞亮的未来

在加强班戈县基础设施建设的同时，中国石化突出软实力的培养，紧密结合班戈实际研究制定《中国石化集团公司对口支援班戈县工作规划》，确保各项援藏项目真正发挥作用。

中国石化每年投入教育培训经费50万元，用于县、乡、村三级医疗、教育、技术人员培训，极大地提高了牧区技术人员的业务素质。

为了让班戈县广大牧民群众子女都能上得起学，中国石化在班戈县设立了“中国石化助学基金”，助学基金总规模200万元。2006年正式运作至今，助学基金帮助近500名品学兼优的贫困家庭孩子完成学业，为班戈县提供了强大的智力支撑。

为解决班戈县农牧民孩子上学难的问题，2010年9月，中国石化投资3600万元援建的中国石化希望小学经过两年的酝酿如期落成。该项目建筑面积1.27万平方米，包括1座教学楼、6栋学生宿舍、4栋教职工宿舍等一系列配套设施，充分发挥了优质教育集中使用的优势。

“再苦不能苦孩子，再穷不能穷教育。”建成后的希望小学是目前为止中国石化在班戈县最大的单体工程项目。是中国石化援藏9年来单项工程投资最大的项目，被班戈县委书记巴塔称之为班戈县乃至那曲地区“最好的工程”。通过希望小学中国石化为许许多多的班戈孩子点亮了智慧之光。

（三）民心工程遍布班戈草原

班戈草原交通不便，信息闭塞，基础设施建设落后。援藏干部在“风吹石头跑，氧气吃不饱，六月下大雪，四季穿棉袄”的藏北高原，克服高寒缺氧，天气变化无常等困难，为班戈的社会和经济发展注入了新活力。

除此之外，中国石化还在班戈县招收了17名加油工，提供援助资金发展班戈县畜产品加工、藏毯编织等特色项目，启动10个乡镇兽防站建设等。

经过各方的共同努力，2010年班戈县生产总值完成3.14

亿元，比 2002 年的 1.27 亿元增长了 1.87 亿元，增长了 147%，地方财政收入完成 613 万元，比 2002 年的 150.3 万元增长了 462.7 万元，增长了 308%，农牧民人均纯收入达到 3515 元，比 2002 年的1450.62 元增长了 2064.38 元，增长了 142%。使 5863 户牧民群众住上了安全适用的房屋；使 6000 多户牧民用上了安全环保的太阳能照明。

西藏班戈县县委书记巴塔表示："中国石化对口支援 9 年来，班戈县经济又好又快发展，民生不断改善，群众生活不断提高，使各族干部群众充分体会到了社会主义制度的优越性，充分感受到了在伟大的中国共产党的领导下，唱响了中国共产党好、社会主义好、改革开放好的主旋律。"

四、员工志愿者行动

中国石化的员工志愿者活跃在中国石化赞助的重大体育赛事活动中，服务在社区里，忙碌在"三夏"、"三农"的田间地头，他们微笑服务、用心服务，背后是沉甸甸的责任。

2010 年 5 月 1 日至 10 月 31 日，世博会在上海市中心黄浦江两岸举办；2010 年 11 月 12~27 日，第十六届亚运会于在广州举行。除了一如既往地为客户提供高品质的油品，以及加强回收治理、净化生活环境外，中国石化还对在国内举行的重大体育文化盛事提供了重要的财力、物力及人力支持，以及高素质志愿者队伍服务。其中，仅为世博会和亚运会服务的人数就达 6000 余名。为世博会服务，为亚运会加油，为广大民众的健康提供支持！这是所有中国石化人的心声。

“一滴油”的故事

服务上海世博会

“精彩、成功、难忘”的2010上海世博会在10月31日简约的闭幕式中落下了帷幕。184天的会展，充分展示了上海这座城市蓬勃向上的无限生机和东西方文化水乳交融的独特魅力。在石油馆，吸引游客的不仅是4D电影，身着套装、面带微笑、热情大方的礼仪人员是石油馆内另一道引人注目的风景线。来自三大集团公司的礼仪人员以其周到的服务和亮丽的形象被游客们亲切地称为“油花”。

记得刚入门阶段，来自上海石化的“油花”姑娘们利用课余休息抓紧时间猛补规范礼仪，苦练基本功。她们总是悄悄地溜进练功房，一个个面对四面大镜子从不同角度重复“欣赏”着自己略施粉黛的微笑、头顶书本的站立、膝盖夹纸的行走……当面部肌肉僵硬时，何霞揉着双颊，自言自语：“你咋就那么快罢工了呀，太没岗位责任意识了。”看着脚丫上的大水泡，徐燕丽傻笑着说：“足底按摩膏，你终于又可以上岗咯。”姑娘们的脚跟一次又一次蹭破、出血，陈英悄悄地买来一大盒邦迪，念叨着“回去，给她们一人送一份贺礼”。

国庆长假的一天，一位70多岁的老人，出于对4D电影的好奇，一再恳求、要求袁聪娣和孙莉将他带入影院。由于影片极佳的特效和出于对老人的关心，她俩在影片播放过程中，无时无刻的一直关注着这位老人的一颦一笑，担心在放映过程中老人出现身体的异常和不适。当影院亮灯的瞬间，她们心中那块高悬着的大石头正准备降落时，在离场的人群中，袁聪娣发现那位老人的步伐似乎有些僵硬和迟缓，她见状立即向老人跑去，将其搀扶着缓缓步出影院，并安置到休息处，亲切地递上一杯水，让老人家喘口气，最后，老人在离开前非常感激地握着袁聪娣、孙莉的手说："我今天参观了五六个馆，你们的服务态度是最好的！"

五、全球企业公民

中国石化在海外运营中，坚持依法诚信经营，并在尊重当地文化信仰和风俗习惯的基础上，更加积极地关注所在国的民生和社会进步，努力创造良好的企地关系。中国石化各海外机构有意识地树立"平等友好的使者形象、诚信经营的企业形象、礼仪之邦的文明形象"，使公司的海外知名度和美誉度不断提高。

"一滴油"的故事

中国石化承建阿尔及利亚重大"民心工程"

——In Salah–Tamanrasset 饮用水管道项目

阿尔及利亚 In Salah–Tamanrasset 饮用水管道项目是阿尔及利亚重要的民心工程，工程建成投产后，可解决沙漠地区 5 万多居民的饮用水问题，不仅带动了阿尔及利亚社会、经济、文化和技术等领域的长远发展，更对中阿两国的战略合作产生了深远影响。

该项目横贯撒哈拉大沙漠，全长 875 公里，管道直径从 700mm 至1400mm，自然条件极其恶劣，施工难度很大，总工期为 36 个月。承担施工任务的中国石化施工队坚持"绿色施工"，严格执行 HSE 管理要求进行生产，不丢弃任何生产垃圾和生活垃圾，杜绝了施工给自然环境带来的影响。

项目在施工过程中，还使用了大量当地员工。该项目部开设了两所阿籍员工技术培训学校，教授操作和修理技术，为项目提供了可靠的人力资源，得到当地政府的好评，并受到中国驻阿大使馆的表扬。

中国石化坚持“绿色施工”和热情培训阿籍员工的做法，受到当地政府和社会各界的纷纷好评。阿尔及利亚水资源部长阿卜杜勒马立克塞拉勒一行来到沙漠水管道项目施工现场，对中国石化员工所付出的艰辛劳动表示赞赏和感谢，对项目的整体运行情况表示满意。阿尔及利亚《阳光报》称：“由中国石化承包的沙漠水管线项目令人满意，之所以将该工程承包给中国石化，不仅是因为他们有很好的工作业绩，更重要的是中国石化人吃苦耐劳的精神给人们留下了深刻的印象。”

后　记

《每一滴油都是承诺——中国石化社会责任理论与实践》是集体劳动的成果。中国石化集团办公厅、中国石化经济技术研究院、中国社会科学院经济学部企业社会责任研究中心组成联合课题组，国务院国资委研究局全程指导专著的编写过程。在撰写过程中还得到了中国石化集团公司发展计划部、财务部、生产经营管理部、企业改革管理部、人事部、科技开发部、法律事务部、资本运营部、安全环保部、物资装备部、信息系统管理部、外事部、审计局、监察局、思想政治工作部、石油工程管理部、工程企业管理部、离退休工作部、机关服务中心以及石化报社的大力支持，在此表示诚挚的感谢！

《每一滴油都是承诺——中国石化社会责任理论与实践》的写作提纲由钟宏武、陈荣平、刘剑平、曾四海、魏秀丽、张蒽、张婧、路建楠、王李甜子、许英杰共同讨论提出，由李春光、彭华岗、黄文生最终确认定型。第一章每一滴油都是承诺：缘起由张蒽撰写；第二章每一滴油都是承诺：管理由钟宏武撰写；第三章每一滴油都是承诺：产生由魏秀丽撰写；第四章每一滴油都是承诺：支撑由许英杰撰写；第五章每一滴油都是承诺：升华由曾四海撰写。全书由周泉生、曾四海、钟宏武、魏秀丽、谢丹平共同修改，李春光、彭华岗、黄文生审阅定稿。

企业社会责任是一个与时俱进、内容庞大的议题，要全面勾勒中国石化集团公司的社会责任管理和实践有相当的难度，本书的研究仍有诸多不完善的地方，诚恳欢迎读者给予批评指正，共同推动中国石化集团公司、中国石化行业、中国企业的社会责任工作更好更快、更快更好的发展！

课题组

2011 年 10 月